父のコートと母の杖

［親の人生の最終コーナーで私は父と母に出会い直した］

一田憲子

Noriko Ichida

主婦と生活社

はじめに

今年、私は還暦を迎えた。ついこの前まで30代だったのに……と、60という数字がいまだに信じられない。そして、この先、70歳、80歳、90歳と数字が増えていくことも、想像することができない。年齢を自覚するということは、人が生きる上でいちばん難しいことじゃなかろうか、と思う。

もし、3年前に母が入院し、父とふたりで暮らす、という体験をしなかったら、私は母が81歳、父が92歳という年齢の実態をわからないまま過ごしていただろう。親は年老いて、娘である私がケアをしなくてはいけない時がくる、ということが頭ではわかっていても、幼い頃からずっと持ち続けてきた「親はいつまでたっても親のまま」という定義は、おいそれとは変わるものではない。

でも、結婚して家を出て以来初めて、長い時間を共に過ごしてみて、そこに「あるはず」だった親の姿がなくなっていることに驚いた。だんだん体力が衰え、できないことが増える。自分の親にその「年齢」がやってきていることを知った時、訪れたのは「恐怖」だった。怖さとは、何かが奪われる時、それに対して抵抗することで起こる感情だ。父や母が、弱っていくことがイヤだ。いつまでも元気でいてほしい。もしそうでなくなったら、いったいどうしたらいいのだろう?

そんなジタバタを経て、「老い」を受け入れなくては仕方がない、と理解し始めた時から、私は父や母と出会い直してきた気がしている。それは、人が年齢を重ねて生きていく、という事実を受け止めることでもあった。

この本では、そんな両親との出会い直しの過程で、何を見つけ、何を感じ、何を考えたかを綴ってみた。それは思いがけず、私自身がこの先歳を重ねていく道にひとつ、ふたつと灯をともしていく作業でもあった。

坂をのぼり、成長していくだけが人生じゃない。少しずつ先が細くなっていく中で見つけた光こそ、人が「一生」という単位でやっと見つけることができる真実なのかもしれない……。そう教えてくれた父と母に心から感謝している。

目次

1 もう一度、親と出会い直す

2

親の人生の最終コーナーで

本書は、書き下ろしです。
2024年9月現在の内容です。

1

もう一度、親と出会い直す

大嫌いな親との再会

今でこそ、年老いた両親と良好な関係を結んでいるが、実は長年親は私にとって目の上のタンコブだった。

確か中学3年生頃のことだったと思う。私は反抗期真っ只中で、とにかくイライラしていた。人は、どう生きていけばいいのか、どっちを向いて歩いていけばいいのか、そんな青臭いことを考えながら、出口が見えず、悶々としていたように思う。どこか遠くには、私の疑問をすべて解決してくれる、黄金の扉がきっとあるはず。それを見つけてみたくてたまらなかった。でも両親は、その扉の向こうの世界とは、まったく違う場所に生きている、とも感じていた。つまり、当時の私にとって両親は、ちっともキラキラしていなかったのだ。

あるとき、母に「どうして勉強しなくちゃいけないのかわからん！」とぶちまけた。すると、たぶん母も、そんな私をもてあましたのだろう。父に「ノリコは、どうして勉強しなくちゃいけないのか、わからんのだって」と告げたのだ。すると父が一言「そんなことを言うなら、学校なんてやめてしまえ！」と怒った。

は？　私は学校に行きたくない、なんて一言も言っていないのに。「人はなぜ学ぶのか」その意味を教えてほしかったのだ。「私の想いがまったく伝わっていない」「私のことなんてわかろうともしていない！」

このときから、私は父を大嫌いになった。

小学校5～6年生の時の担任の先生に憧れて、私の将来の夢は「小学校の先生」だった。国立大学の教育学部を目指していたけれど、父は教師になることに反対だった。一部上場の大手企業に就職せよと言う。向き合って話すこともなく、私はどんどん無口になっていった。

結局大学入試に失敗して私立大学の文学部へ。次は就職だ。雑誌や本を読むことが大好きだから出版社に就職したかった。けれど、どうしたらいいかわからない。両親も業界のことはまったく知らなかった。しかも、関西の実家から通える範囲の会社しかダメと言う。出版といえば東京中心で、関西にある出版社を自力で調べて受けてみたけれど落ちた。

ちょうど私の就職活動真っ只中に、母が子宮筋腫の摘出手術を受けるために入院していた。着慣れないスーツを着込んで、会社巡りをし、合格通知を受け取ることができない重苦しい空気の中、母のいない家は地獄だった。「なんで合格できないんだ」という非難めいた父の言葉は、ただでさえ不安な私をさらに追い詰めた。ここでまた父への絶望感を深めたのだった。

このとき反抗できず、自分の道を自分で開拓できなかったのは、私の弱さだったのだろう。最後は父のコネで商社に就職することとなった。

こうして、多感な時期から少しずつ蓄積していった親への不信感が、最後に大爆発したのが結婚だった。絶対に父のような人とは結婚しない。絶対に両親のような人生は送らない。そう決めていた。だからだろうか？　出会って心惹かれたのは、不安定な自営業の自由人だった。

当然親は大反対する。それを押し切って、半ば駆け落ち状態で結婚した。ところが……。やっと親元を抜け出して、自由な翼を得たと思ったとたん、思いがけない変化が起きた。

突然結婚したので、料理すらほとんどできない状態だった。どうやって日々のご飯を作り、どうやって部屋を掃除し、いつ洗濯して、何にアイロンをかけるのか……。1日をすべて自分の手で回さないと、誰もやってくれない、という事実に途方に暮れた。唯一の手がかりが実家での母の姿だった。母がやっていた通りにやってみる……。

こうして、実家を出て自分で家庭を持ったとき、初めて私は両親が自分に与えてくれていたものに気づいたのだった。当たり前にご飯を食べ、ピシッとアイロンがかかったシャツを着て、いつの間にか沸いているお風呂に入り……。私が実家で暮らしてきた裏側には、こんなにも時間がかかる作業がつながっていたのだ。

夫となった自由人は、当然収入も不安定だった。そうか、父が会社員だったということは、こんなにも経済的に家庭を安定させてくれていたんだ、と気づいた。

家を出て「生活」という人の営みを初めて知った。そして、私は両親に愛されて育った、ということをやっと理解したのだ。人は「子供」という立場を抜け出して、自分の親と同等の

「大人」という目線に立ったとき、ひとりの人間として、親と再会するのかもしれない。

親は、一足先に歳を重ねる人生の先輩でもある。私には子供がいないが、子供を産んだ人は「父」や「母」という存在が、いったいどんなものなのかを、改めて自分の親の姿から学ぶのだろう。自分がフリーライターとして働くようになって、初めて父と肩を並べて「仕事」について話すようになった。母と「男って……」と意気投合することもある。そして、80代、90代になった両親は「老いる」ということを教えてくれる。

今もまだ「も〜、どうしてそう考えるかな」と権威主義の父の考えにげんなりすることはある。でも、最寄駅の駅ビルにある書店に立ち寄って、私の著書をそっと前に出して並べてくれるのも父なのだ。

愛情とは「正しい」か「正しくない」かや意見が「同じ」か「同じでない」かで測れるものではない。大嫌いでも愛されている。そのことが、私が両親から受け取った、いちばん大きな真実であるような気がする。

父のコート

春の気配が感じられるようになると、毎年クローゼットから取り出すのが、「バーバリー」のステンカラーコートだ。まだ風は冷たいけれど、厚手のコートがちょっと重たく感じられるようになると、このコートの出番となる。襟元には大好きな洋服ブランド「オールドマンズテーラー」の「ワイルドベリー」と名付けられた、いちごや葉っぱがモノトーンで描かれた柄のストールを合わせる。メンズライクなコートに、優しいストールがひと匙の優しさと女らしさをプラスしてくれる、そんな春先のコーディネートがお気に入りだ。

実はこのコート、父から譲られたものだ。とは言っても、すごく欲しかったわけではない。たまたま関西で取材があり、実家に前泊した折、父が「もうこれ着ないから、ノリコにやるよ」と言い出した。「バーバリー」だし、もらっとくか、と思っただけなのだ。

ところが……。翌日、さっそく着て取材に出かけてみると、一緒に仕事をすることになっていた、写真家の中川正子さんが会うなり「一田さん、そのコートどうしたの？　めちゃくちゃ格好いい！」と大層褒めてくれたのだ。「えっ？　そう？」ときょとんとしたワタクシ。「そうかな？」と頭をかきながら、なんだかすごくいいものをもらった気がしてきた。

このコートは、父が30代の頃に買い、会社員時代を一緒に過ごしたもの。今回、この原稿を書くにあたって、詳しく聞いてみると、１９７０年ぐらいに、香港の老舗「ザ・ペニンシュラ香港」で購入したらしい。つまり、54年前のシロモノだったというわけ。

肩幅も、身幅も大きすぎるのだけれど、50年以上の歳月を経て、とろりと変化した生地は、すこぶる着心地がよい。すんなり体に沿ってくれ、自然に落ち感が生まれて「いい感じ」のフォルムになる。父はこのコートを着て、毎朝会社に出かけて、夜遅く帰ってきた。企業戦士としての日々を過ごしたのだなあと思うと、なんとも感慨深かった。「ずっとこればかり着ていたから、裾が擦り切れてきて、一度裾あげをしてもらったのよ」と母が教えてくれた。へ〜、そうだったんだ！　このエピソードに私はちょっと感動した。

私が25歳で実家を出るまでの一緒に暮らしていた時期、父親がどんな服を着ているかなんて、まったく興味がなかった。とにかく堅物でまじめ。おしゃれなんか興味がないはず、と思い込んでいた。けれど……。今、父が昔使っていたというジャケットやベスト、ネクタイやバッグなどを改めて見てみると、どれもいい品ばかりで、「え？　あのとき着ていたジャケット、『ランバン』だったんだ！」と驚いてしまう。

我が父は、とにかく見栄っ張りで「いばりん坊」だ。ガラスメーカーに勤め、ガラスを溶かす窯の設計を手掛けるエンジニアとしてモーレツに働いてきた。海外出張も多く、家にいる時間が少なかったので、私は幼い頃から父に「慣れて」いなかった。「あれ、買って〜」とおもちゃをおねだりすることもできないし、本音で話したこともほとんどない。

小学校1〜2年の頃、父が自宅のダイニングで当時まだ珍しかったカセットレコーダーを前に、英語の勉強をしていたことを覚えている。一緒に暮らしていた家族が、家で見せていた姿の裏に、どんな時間がつながっていたのか……。多くの人は、それを知らないまま育ち、巣立ち、やがて家族はバラバラになっていくのではなかろうか。

当時の話を、ごく最近父から聞いた。高度経済成長期真っ只中だった頃、父の勤めるガラス会社は海外進出をスタートさせたのだと言う。その先駆け要員を育てるべく、父を含めた数人が当時高級英会話教室と言われていた「ベルリッツ」に通わされた。3か月間、会社が終わってから毎日レッスンへ。日本語を使うことは許されず、外国人教師によるスパルタ教育だったのだとか。授業についていけるよう、父は自宅のダイニングで、カセットレコーダーに向き合っていたというわけだ。3か月後、合格点をもらったのは、父ともう一人だけ。そして、すぐにイギリスへの出張が決まった。

「3か月英語を習っただけで、出張に行ってビジネスの話ができたの?」と聞いてみた。「なんとかなるものさ」と父。実力以上のことに向き合っても、はったりでなんとか乗り切る、というのは知らず知らずのうちに私が父から受け継いだスキルでもある。

こうして始まった海外出張で、父は仕事以外にも大いに刺激的な体験をしたようだ。「クリストフル」の銀器を知り「フォークとナイフで食事をする」ことを、我が家の食卓に持ち帰ったり、件《くだん》の「バーバリー」を知ったのもこの頃。母や祖母へのお土産は、ベージュ地に赤と黒のチェックの定番柄のマフラーだった。

私たちは父が海外から帰ってくるたびに、空港へ迎えに行った。父が帰ってくるのが嬉しかったわけではなく、とにかくお土産が楽しみだっただけなのだが……。自宅に着いて、そのスーツケースから出てくるものをドキドキしながら見つめたものだ。金髪のお人形、クマのぬいぐるみ、色とりどりのチョコレート。

まだ、日本で海外の「いいもの」がなかなか手に入らなかった当時、父自身も異国の地で見つけたものに、胸をときめかせていたのだろう。今だからこそそんな父の異国の地での「発見」の物語に心を重ねて理解することができる。でも若い頃、私の目に映っていたのは、ただただ「自慢しい」の父の姿だった。

今回母に、擦り切れるまであの「バーバリー」のコートを着て、さらにそれを修理に出していた、という話を聞いて、なんだか胸がいっぱいになってしまった。会社員になるもっと前。父は父親（つまり私の祖父）を病気でなくし、母（私の祖母）と兄、姉と共に戦後を生き抜いてきた。お金がなくて、大学時代は玉ねぎだけのカレーライスを食べていたそうだ。だからこそ父の中には「見栄っ張り」と「節約家」の両方が存在している。

飽き性で、次から次へと新しいものへ興味が移っていく私と違って、「いいもの」を吟味して選び、それを長年大事に着続ける……。それが父のモノとの付き合い方だ。つい最近、そんな父から「カルティエ」の名刺入れをもらった。若い頃は「成金趣味！」とあまり好きではなかったそれが、老舗ならではの美しさとしてやっと理解できるようになった。今、私は「初めまして」と父の名刺入れから、仕事を始めることが、ちょっと誇らしくもある。

父が会社員を辞めた年齢に近づいた。こんなにも長い時間、私はあの「バーバリー」のコートの後ろにつながる父の本当の時間を知らなかった。春先に袖を通すたびに、私が知っているのとは違う、もう一人の父と出会い直しているような気分になる。

母の杖と自立の教え

あるとき、実家に帰ってキッチンで母の手伝いをしようとすると、見知らぬ物体を発見した。キッチンとリビングを仕切る、食器棚代わりの両面ハッチの端っこに、大きなクリップが取りつけられている。「これ、なに?」と聞くと、母がにまっと笑った。「こうするのよ」と、室内でついている杖をそこに立てかける。ただ置くだけだとすぐにすべり落ちてしまう杖が、クリップによって支えられ、倒れないというしくみだ。母は、こんな小さな工夫が得意だ。

側弯症という、本来ならまっすぐに並んでいる脊椎が左右に曲がってしまうという病を得て5年ほどになる。少しずつ、背中が曲がってきたな、とは感じていたけれど、歳なんだから仕方がないのかな、程度にしか思っていなかった。コロナ禍で、実家に帰れない日々が続き、2年ぶりに会ったとき、その背中の曲がりがより進んでいて驚いた。

けれど、ちょうど同時期に肩に人工関節を入れる手術が決まっていた。そっちの方が一田家では一大事だったのだ。手術は無事成功し、退院後張り切ってリハビリに通っていた。理学療法士の先生が、ちょっとイケメンで優しくて、母はその先生のことが大好きだったよう。新しいボトムを買ったりと準備を整えてはいそいそと出かけていく姿を、「なんだか恋する少女みたい」とププっと笑いながら眺めていたものだ。ところが、しばらくして、腰や足の痛み、しびれなどの症状が出るようになった。側弯症の深刻性が表面化したのだ。一時は激痛が走って、あの気丈な母が「こんなに痛いならもう生きていたくない」と弱音を吐いたほどだ。

電話をするたびにつらそうで、胸がつぶれる思いだった。体が痛い、つらい、というときに、どうしてあげることもできない……。でも、そんなときでも「どうにかしなくちゃ」と自分たちでなんとか解決策を模索して動くのが、我が父と母の強さだと思う。

父は20年前、駅ビルの駐車場に停めた自分の車の中で具合が悪くなった。地下だと携帯電話がつながらないので、運転をして地上に出て車を停め、母に電話をしたのだという。母はすぐに救急車を呼び、自分自身もその場所に飛んでいった。父は救急車で運ばれ入院。血管が詰まって心筋梗塞を起こしていたのだ。ところが……、入院した病院で、２週間が経ってもちっとも症状が改善しない。そこで父は自分で知人の血液内科の専門医に電話をし、手配を整え転院した。すると、その国立病院では、最初の所見とまったく違う箇所に原因が見つかり、手術をすることになった。こうして、無事回復、退院することになる。

当時、私は自分の仕事に一生懸命で、両親はまだまだ元気だと信じていた頃だったので、この話はずっと後になって聞いたことだ。

さて、母のことだ。激痛を抱えながら、ずっと通っていた整形外科の先生から、大学病院を紹介してもらった。でも、症状は改善しない。そこで、さらにペインクリニックを紹介され、そこでブロック注射をしてもらうことで、やっと痛みがなくなり、通常の生活ができるようになった。その報告を受けて、ほっと胸をなでおろした。今でも母は父に付き添われて、１か月に一度ブロック注射に通っている。

体の具合が悪いとき、何が原因なのかを突き止めるだけで大層時間がかかる。こっちがダメならあっちの病院、あっちがだめならまた別の病院とさまよい、やっと「自分を治してくれそう」な先生に巡り会う。それまでの期間のつらそうなこと……。

なんとか原因を探って、痛みを取り除き、ラクになりたい。そう思うのは当然のことといえば当然なのだが、父も母も、私たち子供に頼ることなく、80歳を過ぎてからも自分たちで、その「あっちこっち」をやってのける。考えて悶々とするよりも、行ってみれば何か見つかるかもしれない。診てもらわないと解決できない。だから、考える前にとっとと行動する。私は知らず知らずのうちに、そんな姿に「誰かにやってもらうのではなく、問題を解決するのは自分自身」ということを教えられた気がする。

20歳で結婚し、21歳で私を産んだ母は、ベタベタと子供に接するのが苦手な人だった。幼い頃、熱を出しても甘やかしてはもらえなかった。もちろん、氷枕を作ったり、おじやを作ったり、りんごをすりおろしてもらった記憶はある。でも「できることは自分でしなさい」という母だった。

私が反対を押し切って結婚をし、家を飛び出し、案の定うまくいかなくて離婚するときにも

「だったら、帰っておいで」とは言われなかった。だからこそ私は「自分で選んだ道なんだから、自分でなんとかしなくちゃ」と、フリーライターの道を歩き出したのだ。あそこで「帰っておいで」と言わずにいてくれたことを、本当に感謝している。

親は子供の心配をする。でも、「なんでもしてくれる」存在ではない。何かあったとき、いちばん心配してくれる存在なのは確かなことだ。けれど、親でも子供でも、自分でしなくてはいけないこと、自分でしかできないことがある。その境界線のようなものを、私はことあるごとに、肌感覚で教えてもらってきた。

私は優等生体質で、気にしいで、人の言葉にすぐ傷つく……。そんな弱さを持ちながら、最後の最後には、どうにか自分の足で立たなくちゃと踏ん張ることができるのは、両親のおかげだなと思う。今、自分たちで病院巡りをする父と母の姿を見ていると、私はこのふたりに、強さを与えてもらったんだ、とようやく気づいた。

杖をつくようになって2年。去年母は杖を買い替えた。今までより長くなった杖は、持っていると自然に背筋が伸びるのだと言う。「そうしたら、お腹の筋肉が鍛えられて、体を支えることができるんだって」と母。ただしその分、体が疲れるそうだ。でも、毎日ちょっとずつつらくても、自分の体のポテンシャルを引き出すことを選んだらしい。クリップに立てかけられた杖は、まだまだこれから自分らしく生きようとする母の強さを告げているようにも見えた。

アイロンかけは父の役目

リビングに脚つきのアイロン台を運んできて、ダイニングの椅子を組み合わせスタンバイOK。2~3日に一度、取り込んだ洗濯物を仕分けして、ここでアイロンをかけるのが父の仕事だ。使っているのは、スチームなど便利な機能はなにもついていない昔ながらの「パナソニック」のアイロン。父も母も今では、めったに外出などしないので、かけるのは普段着だったり、エプロンやタオルだったり。パンツ1枚にもかけるのが、昔からの一田家の流儀だ。
「シワだらけの高価なブランドものより、洗ってピシッとアイロンをかけた安い服の方がずっとおしゃれに見えるのよ」と言われて私たち姉妹は育った。

そんな母が3年ほど前に肩の手術をし、腕が思うように上がらなくなったときから、父がその役目を受け継いだというわけだ。父はいわゆる昭和の男で、家事を手伝うなんてことは一切なかった。

ただし、アイロンかけだけは別だ。母が元気な頃から、父はアイロンかけだけは進んでやった。始まりは自分のシャツにアイロンをかけることだったよう。自分が納得できる方法で、ピシッとシャツを整える。そのうち、帰省したら、私のシャツやボトムにも、ついでにアイロンをかけてくれるようになった。朝起きたら、デニムにセンタープレスが入っていて、「あちゃ〜」と驚いたこともあったっけ。

几帳面な職人気質なので、その手順は完璧だ。霧吹きをシュシュッと吹いて、しばらく放置し、シワが自然に伸びた頃、ス〜〜ッとアイロンをすべらせる。シャツのカフスのダーツにも、アイロンの先端を入れて立体感を生かしながら見事にシワを伸ばすし、ハンカチは、端と端をピシッと合わせて正方形にたたんで仕上げる。

かけたいものだけかける。そんな身勝手なアイロンかけが、夫婦の毎日の生活を支える「家事」へと変わったのが、母の手術後だった。ある日実家に帰ると、夕飯後、父がアイロン台を出してきて、自分の「グンゼ」のパンツや、母の「ユニクロ」のブラトップにアイロンをかけ始めたときには驚いた。

しかも、背骨が曲がってベランダの物干し竿に手が届きにくくなった母の代わりに、洗濯物を干す役目も父が引き受けているのだという。

「私が手伝おうとしたら『俺がやる!』って譲らないのよ」と母は笑う。男性は、役割を与えられるときちんとこなすようになる、というけれど、結婚して60年以上たって、ようやく父は家庭内での役割を見つけたのだ。たったふたつだけだけれど。


母が入院していた時期、私は初めて父が、電子レンジでチンもできない、洗濯機の回し方も知らない、という生活能力ゼロの男だということを知った。そうか、母は結婚してから今まで、父が退職し家に居るようになってからさえも、家事を一手に引き受けてきたのだなあ。その事実を知って、黙々と父に仕えてきた母の「時間」を初めて目にした気がした。

うちの夫は、率先して洗濯をし、ゴミをきちんと分別して出してくれる。夕飯後には、私が寝転んでテレビを見ている間に洗い物をし、ガスレンジの油汚れも拭きあげる……というできる夫なのだ。普段から、家事シェアが当たり前だと考えていたからこそ、父の家庭での役立たなさに、なんだそりゃ！　なんだ、その亭主関白っぷりって！　と呆気にとられた。それは、「父親」を「夫」という視点でジャッジし直した出来事だったように思う。

専業主婦の母は、その立場を何の疑問もなく受け入れ、特に不満は持っていない。「私はプロの専業主婦になる」というのがその口癖だ。そして、父は優しくないわけではない。出かけるときには、母の後ろに回ってコートを着る手伝いをするし、斜めがけしたポシェットの紐のねじれを直してやる。そのふたりの姿が微笑ましい。

つい「夫があれをやってくれない」「これもやってくれない」と文句を言いがちな私は、それぞれの役割を納得して引き受けている姿に、昭和の夫婦ならではのよさを見出した気がした。

ごく最近のこと。実家のカーテンが古くなり、ふたりで探しに行ったそうだ。「無印良品が安くていろいろあるよ」と私がアドバイスをしたので、見に行ったものの、気に入ったものが見つからなかったらしい。「ちょっと足を延ばして『ニトリ』にまで行ったら、いいのがあったのよ」と母が嬉しそうに報告してくれた。

しばらくして実家に帰ったとき、窓辺には明るいグレーのカーテンがかかっていた。グレーは難しい色で、チャコールグレーだと落ち着きは生まれるが、部屋が暗くなる。最終的に白の分量が多い明るいグレーのカーテンをチョイスしたのは父だったと言う。父は家事こそできないが、アートやデザインが好きなこともあり、家具を選んだり、小物を飾ったりと、暮らしを心地よくすることには熱心なのだ。そして母は、そんな父のセンスを信頼している。

実家のリビングのサイドボードには、父が出張先から買ってきた「リヤドロ」の置物や、光によって美しく輝くカットグラスなどが飾られているし、玄関の壁には、味わいのある木枠の額に入ったインドの陶画が、リビングの壁にはユニークな表情のイギリスの近衛兵のぬいぐるみが吊るされている。どれも父が選んだものばかりだ。さらには、１００円ショップで、しゃれた道具を見つけることも得意だ。キッチンでお玉を立てるシンプルなシルバーのスタンドは、私も真似をして購入した。

そうやって、父が買って帰ったものを、母は「いいわねえ」と丸ごと受け入れ、飾って楽しむ。父のデザインの目利き力は、母の素直さによって我が家のインテリアになる。
「このカーテン、めちゃいいやん！」と言うと、にんまりと笑った父。令和のものさしで測ると、父と母の家事シェアリングは０点だ。でも、もしかしたら、それでいいのかもと思うようになった。

今まで私にとって父と母は親であった。でも、父と母は夫婦だったのだ。一歩離れてその関係を見つめるようになった今、そこには私たちが知らない、ふたりが育んだバランスがあると知った。夕飯後にテレビを見ながらアイロンをかける。そんな父の姿は、90歳を過ぎても夫婦の関係は進化できるのだと誇っているようだった。

母のおしゃれ指南

実家に帰ったら、母がレモンイエローの「ユニクロ」のフリースを着ていた。爽やかな明るい色が白髪によく似合っていて「いいやん」と言うと「でしょ〜」と得意げに笑う。家で着る普段着として、母はタートルネックのこのフリースを、白、グレー、レモンイエローの3色で揃えている。「この明るいグレーって、なかなかないのよ。やっぱり『ユニクロ』さんはすごいねえ」とおっしゃる。さらに「家で白を着るなんて汚れるでしょう?」と言うと、「汚れてもすぐに洗えば大丈夫。白はやっぱり顔色がよく見えるからね」とのこと。歳をとると、明るい色のトップスを着ているだけで、元気に見える。そんな母の姿に私は安心するのだ。

こんなふうに気に入る形、サイズを見つけると、色違いで揃えるのが母の基本。さらにボトムとの組み合わせもだいたい決まっていて、よそ行きの服も焦茶のスカートにはグレーのカットソー。黒と白の千鳥格子のスカートには、黒のタートルネックというように、コーディネートはパターン化されている。年金生活となった今、トップスは「ユニクロ」か、知り合いの店で5~6掛けで買えるものが中心で、スカートは自分で縫ったものがほとんどだ。最近では、新しいものはほとんど作れず、昔作ったものを、大事に着まわしている。

私がまだ実家で暮らしていた頃、母のお気に入りは「マダム ジョコンダ」というブランドだった。コンサバでちょっとモダン。そこそこ高価だったけれど、一緒によくデパートに見に行った。同じ時期、私は大学の卒業旅行で初めてパリに行き、なけなしのお小遣いで「ルイ・ヴィトン」や「グッチ」でバッグを買ってきた。あの頃は母も娘も、ブランド志向だったんだなあと、今振り返って思う。

月日は経ち、妹と私が家を出て、時間ができた母は本格的に洋裁を習い始めた。ダイニングテーブルの上で型紙を作り、神戸の高架下の専門店で好きな生地を買って断ち、スカートやワンピース、ブラウスなどを作り始めた。スカートはほぼ同じストンとしたボックス型のロング丈。ワンピースもブラウスもひとつの型紙で、生地を替えて何枚も作る。「同じ形でいいんよ。

柄や色が替われば、まったく違う印象になるから」とミシンを踏んでいた。

私も便乗させてもらい、お気に入りのノースリーブシャツと、生地専門店「CHECK&STRIPE」で買ったリネンの生地を色違いで揃えて送り、「これで同じ形で作って」と頼んだこともある。当時は、母と同じように、夏になるとそのシャツを、取っ換え引っ換え着ていた。

母の口癖は「サイズ感が大事！」だ。Tシャツを買ってきたとしても、「丈がちょっと長すぎる」と思えば、裾をカットして1センチ短くする。襟ぐりが広すぎてガバガバすると思えば、ほどいて詰めて縫い直す。「え～、そんな面倒くさいことよくやるね」と言うと、「ちょっとバランスが変わるだけで、ぐんとおしゃれっぽく見えるでしょう？」と言う。

私たち世代が、雑誌を見て「わあ、こういうのが格好いいんだなあ」と憧れていたのに対し、母のおしゃれはいつも「我が道を行く」だった。世界が狭いと言えばそれまでだが、常に自分で選び、着てみて、鏡を覗き込み、どうすればちょっとよく見えるかを考える……。そんな試行錯誤は、「自分を楽しませるのは自分」という母らしさだったんだなあと思う。

70代後半ぐらいから、体が思うように動かなくなって、洋裁はやめてしまったけれど、今でもフリースの丈を直すなど、ちょっとした違和感があると、手を動かさずにはいられないようだ。最近は、体がひとまわり小さくなったので、今までと同じ襟ぐりのTシャツを着ると、下着の肩紐が見えてしまう。そこで、Tシャツの肩の内側に、小さな紐を縫い付けて、ホックで肩紐を固定する、という自分にしかわからない小さな工夫をしていて、我が母ながら、すごいなあと驚いたものだ。

ブランドものから手作りの服まで。その時々で母のおしゃれのこだわりは少しずつ変わってきた。そうして80代になった今、たどり着いたのが「ユニクロ」だった。もちろんリーズナブルなことが大きな理由だけれど、シンプルなこと、色とサイズのバリエーションがあることが、今はいちばん重要なよう。「どんなに高価な服でも、サイズが合っていなかったり、自分に似合う色じゃなかったら、意味がない。何を着たとしても、バランスがすべて。だから『ユニクロ』がいい」というのが、そのセオリーらしい。

母は、子育てをしながら、父の単身赴任中に家庭を支えながら、その傍らでおしゃれに必要な要素はなんなのか？　と学習したのだろう。不要なものを引き算し、「ここさえ押さえれば」

という独自の方程式を導き出した。

10年ほど前、私は『大人になったら、着たい服』という、50代以上の女性のためのおしゃれの本を立ち上げた。当時、私自身がおしゃれの迷子になっていて、先輩たちにそこから抜け出す方法を教えてもらおうと思ったのだ。登場いただく方は、とびっきり垢抜けていて、取材をするたびに「なるほど〜」と新たな視点を教えてくださる。

それに比べて、母のおしゃれは極めて保守的だ。流行りの服も知らないし、「おお〜っ」と驚く新鮮さもない。でも、それがとても似合っているし、そこそこ「いい感じ」だよなあと思う。それは、フリース1枚の選び方に、母が今まで培ってきた「マイルール」のようなものが、すべて含まれているからなのだろう。

「このあいだ、美容室に行ったら、『奥さん、おしゃれやねえ』って褒めてもらったわ。これ『ユニクロ』なのよって言ったら、びっくりしてた」と得意げに報告する姿を見ていると、値段の高い安いにかかわらず、何が似合うかを自分で見極めた自信がちらりとのぞく。

レモンイエローのフリースを着てご機嫌に笑う。そんな姿を見ていたら、「あれがいい」「これもいい」とフラフラする自分が大層欲張りに思えてくる。「何を」着るかでなく、その服が生み出すバランスや、色の効果……。そんな「目に見えない要素」を抽出できるようになったら、私も自分に似合う1枚を選ぶ力を手にできるのかもしれない。我が道を行く母のおしゃれ指南は、なかなか役に立つ。

父の銀磨き

実家の玄関からリビングルームへ続く廊下の脇に、小さな納戸がある。掃除道具や食品のストックにまじって、金づちやペンチ、窓のサッシの滑りをよくするオイル「KURE5-56」や、配線の修理に使うハンダゴテなどが入った工具箱がある。その中で、私が幼い頃からいちばんよく見かけたのが、「ピカール」という金属磨きだった。

まだ父が現役だった頃は、休みの日になると、リビングにゴルフバッグを持ち出し、中のアイアンだったり、ドライバーだったりを、この「ピカール」で磨いていた。金属製のボトルのフタを開け、中の白くてドロっとした液体を、ぼろ布に取る。それで、1本1本丁寧にゴルフクラブを磨くのだ。子供だった私は、なんの興味も持たなかったけれど、「ピカール」のなんとも言えない匂いと、あぐらをかいてクラブを磨いていた父の後ろ姿は、不思議なほどくっきりと思い出すことができる。

退職後、接待ゴルフはなくなり、代わりに磨き始めたのが、「クリストフル」のカトラリーや、シルバーの花瓶や置物だった。空気に触れるとすぐ黒ずんでしまうこれらを、新聞紙を広げてひとつずつ磨く。時には、キッチンのシンク下からステンレスの鍋を取り出し、せっせと磨いている時もある。面倒くさがりの私にはまったく理解できないが、磨いてピカ〜ンと輝きを取り戻したものたちをテーブルの上に並べていくのが、どうやら快感らしい。

父の海外出張によって我が家に初めて持ち込まれたブランドはいろいろあるが、その中のひとつが、母へのお土産の「ジョージ ジェンセン」のアクセサリーだった。コペンハーゲンの老舗銀細工ブランドのアクセサリーは、シンプルでモダン。まさに父好みのデザインなのだ。ぶどうのモチーフのネックレスだったり、アートピースのような形のブローチだったりをひとつずつ買ってきて、家族の前で自慢げに披露した。

私もそのおこぼれにあずかって、ネックレスを2、3本もらっていた。シンプルなTシャツやすとんとしたシルエットのワンピースの胸元に、カジュアルに合わせるのに、意外に使いやすく、自分で買い足したりもした。

ただし、手入れなどほとんどしない私のネックレスたちは黒ずんだまま。実家で身につけていたものを外し、置きっぱなしにしておくと、いつの間にかピカピカになっている。父が磨いてくれていたのだ。まるで新品のように美しい輝きを取り戻したそれを「おお〜、きれいになったやん！」と受け取ると、嬉しそうに笑う。


父のことが苦手だ、キライだと言いながら、実は私は父と性格がとてもよく似ている。目立ちたがりの学級委員長タイプで、知らず知らずのうちに集団のリーダー的存在になっている。大きな目で全体を把握するのがそこそこ得意で、気がつけばいつも「こっちだぞ〜」と旗振りをする役目を果たしている。

けれど……。まったく受け継がなかったのが、この銀磨きに代表される細やかさ、緻密さなのだ。実家に帰って父が思い出話を始めると、必ず開ける引き出しがある。リビングのサイドボードの中には、父のコレクションがぎっしりと詰まっている。初めてヨーロッパに出張に出かけたときに泊まったホテルの石鹸だったり、取引先の会社からもらったアメリカの筆記具ブランド「クロス」のボールペン、さらには、ファーストクラスに乗ったときの機内食のメニューや、ノベルティとしてもらったトランプまで。「こんなものまでとっておいてどうするの？」というものが大切にしまわれているのだ。

一方私は、自分の思い出の品でもどんどん処分するし、捨てられなかったとしても、どこにしまったか覚えていない。「整理収納アドバイザー」のプロなどを取材し、自分の管理能力を超えると感じたものは、手放す罪悪感を持たなくてもいい、と教えてもらってからは、その処分の速度がぐんと増した。この父との「ものの持ち方」の違いはなんなのか……と考えたとき、やはり行き当たるのは「戦後」なのだ。

父の父、つまり私の祖父は職業軍人で、戦争中上海、インド、そしてヨーロッパ諸国で駐在武官として働いていた。戦後、軍人には仕事がなく、祖父は無職となった。戦前そこそこ裕福な暮らしをしていたので、着物や宝石や、家財道具を少しずつ売り、父が社会人になるまで食いつないだ。途中祖父が亡くなり、祖母は女手ひとつで3人の子供を育てることになる。なんとか暮らしていけたものの、当然贅沢はできない。

大学生になった父は、友達の淡路島の実家から送ってくる玉ねぎを分けてもらい、「いつも玉ねぎだけのカレーを食っていたなあ」と言う。そんな日々の中で、手の中にあるものを、修理し、手入れし、大切に使い続けるクセがついたのかもしれない。これが、あの「ピカール」につながっているのではなかろうか、と私は思っている。

父は就職してからやっと自分の手で稼ぎ、母親を養うことができるようになった。英語を学び、エンジニアとしての技術を磨き、海外出張にも頻繁に出かけるようになった。あのホテルの石鹸や、老舗ブランドのボールペン、機内食のメニューは、ギリギリだった生活からなんとか這い上がる道中に手にした、文化的な暮らしへの切符だった気がする。だからこそ、それは単なる「思い出」を超えた宝物なのだと思う。

私と父の違いは、もちろん生まれながらの性質の差もあるだろうが、「あの時代」の経験の有無のような気がしている。小さなもの、すでに持っているものを、とことん大切にする……。

時に大風呂敷を広げ、大ボラを吹く父の、意外な細やかさの中に、手にしたものは二度と手放さない、という握力を感じる。何かを持ち続けることは、パワーを必要とする。そこへ心を向け続ける力が、少しずつ積み重ねられたとき、どんなにささやかなものにも「愛着」という名前の価値が生まれる。父の手に握られたものを見るたびに、今、私が磨くことができるものはなんだろう？　と、辺りを見渡したくなるのだ。

ぶっきらぼうな母

先日、知り合いの果樹園から桃を取り寄せた。ついでに実家にも一箱送る手配をした。一田家は、フルーツが大好きで、朝晩の食事の後には必ず果物を食べる。でも、両親は年金生活だから、きっと高価なものはなかなか買うことができないはず。いつもは、バナナにオレンジ、りんごなど、リーズナブルなものが定番なのだ。もっとも我が家でも、二個で５００〜６００円する桃はなかなか買えないから、喜んでくれるんじゃないかなと思ったのだ。

さっそく母から電話がかかってきた。「きれいな桃が届いたわ〜。今日スーパーで見て、高くて諦めたところだったのよ〜」と嬉しそうだ。我が家にも同じ日に届いたので、さっそくその日の夜、いただくことにした。ところが……。美しいピンク色のその桃は、皮を剥いてみると硬くて、しかも甘みが足らなくてあまりおいしくなかった。ありゃりゃ……。

食後に今度は私から母に電話をしてみた。「あれ、硬くてイマイチだったね」と言うと「残念ながらそうだったね〜。見た目がきれいだったから、期待しすぎたみたい」と母。こんなところが、腹が立つほど正直なのだ。

私だったら、実家から何かを送ってもらって、その味がイマイチだったとしても「いやいや、おいしかったよ」と言うだろう。

かつて、取材先で冷凍の宅配弁当があることを教えてもらった。その方は、リモートで自宅で働いていて、お昼をわざわざ用意するのが面倒なので、利用しているのだと言う。好きなおかずを選ぶことができ、1回6食、8食、10食という個数や、1週間に1度、2週間に1度と、回数も設定することができる。それに従って、定期的に冷凍のお弁当が届くそう。

以前、父のご飯づくりのために、東京と関西を行き来したときに、誰かに夕飯だけ作ってもらうか、お弁当の宅配を利用するのもいいのかな……と思っていた。さっそく自分で取り寄せて味わってみることにした。1回だけ利用して、その後ストップすることもできたのだ。思ったよりずっとおいしくて、これはいいと、試しに実家に6食分が届く手配をした。

母にそう告げると「それは助かるわ〜。基本的には作るけれど、しんどいときにそれがあると思ったら、気分もラクよねえ」と大層乗り気だ。そして……。お弁当が届いてから、しばらくたって「どう?」と聞いてみた。すると「ああ、あれね。あかんわ」とそっけなく言う。「えっ？　どうして?」と聞くと、「味つけが、私たちには合わへんねん。スパイスがいろいろ使ってあるでしょう?」と。

食に対して保守的な両親は、スパイスはもちろんハーブやニンニク、香味野菜もあまり好きではない。醤油、酒、みりん、ソースぐらいしか使わず、オイスターソースや甜麺醤、豆板醤なども嫌いだ。つまり、塩分を抑えるために、調味料で味付けを工夫してある冷凍弁当はお口に合わなかったというわけだ。私たちは、そんなちょっとエスニックな味をおいしいと感じたが、父と母は苦手だったよう。「そっか〜。確かに言われてみたらそうかもね」と、宅配大作戦は、あっけなく幕切れとなった。

こんなときにも、せっかく私が手配したのに、母の反応は「ど・ストレート」だ。嫌いなものは嫌い。気に入らないものは気に入らない……。相手におもねって、自分の感想を隠したり、曲げたりすることはない。

もともと、そっけなくて、クール。お世辞やおべんちゃらを言うことができない。自分に嘘をつくことができない人なのだ。それは、きっと祖母譲りなのだと思う。素朴で、思ったことをそのまま口にする祖母は、父方の繊細で、社交上手な祖母とは大違いだった。でも、自分を飾ることがなく、ありのまんまの母方の祖母が、私は大好きだった。緑内障の手術をしたときには、母にお弁当を作ってもらい、大学の帰りに病院に立ち寄った。そこで、祖母は病院食を、私はお弁当を広げて、おしゃべりをした。

普段は、お愛想を言わない祖母だったが、私が両親の大反対を押し切り、結婚して上京するとき、わざわざ駅まで見送りに来てくれた。そして、夫となる人に「ノリちゃんをよろしくね。何より優しい子ですから」と言ってくれたのだ。あの祖母の言葉を、私は一生忘れないと思う。そんな朴訥さの奥にある優しさは、祖母も母も同じだ。

一方私は、父方の血筋を引いて、一見社交上手だ。でもその実、人に嫌われることを極端に恐れ、周りの人の顔色を見て、言い方や行動を変えるカメレオン体質。みんなにいい顔をしたい、誰からも優しい人と思われたい。だから、「嫌い」なものを「嫌い」となかなか言うことができない……。

どうして、母と娘でこんなに違うのだろう？　その理由を、私は母は専業主婦で、会社の上司や同僚の目を気にしなくてもいいし、私のようにフリーランスという不安定な立場でもないからだ、と思っていた。けれど……。同じ年代の友達たちにも、「こうした方がいいんじゃない？」と思ったことをそのまま言う。そんな母の様子を見ていると、こんなふうにしか生きられないんだとわかってきた。

その姿は、どんなにきれいなラッピングをしたところで、本当のことしか伝わらないことを、逆に言えば、嘘は必ず相手にバレることを教えてくれる。カメレオンを発揮して、担当の編集者に気に入られるように行動しても、自分が本当にその企画を「やりたい」と思っていなければ、途中で自然に意見が合わなくなる。自分に嘘をついて、友達に「私も、それ大好き」と言ってみたところで、本当に好きでないと、その熱量の低さは伝わってしまう。

歳を重ねて、私もだんだん図々しくなってきた。今は、仕事のやり方や、テーマや方向性で

「これがいい」と思ったら「私はこう思う」と言えるようになった。自分の心の奥にあるものと、まっすぐにつながっていないと、自分のパフォーマンスを発揮できないとわかってきたから……。結局私も、母の子だったというわけだ。

件の桃は、その後1～2日おいておくと、びっくりするぐらい甘くなった。食後に桃を食べていたら、母からＬＩＮＥが届いた。「さっき、例の桃を食べてみました。柔らかくて甘みも増しておいしかったです。心配ご無用でした。お知らせまで」。「イマイチだったね」の後だからこそ、「おいしかった」の一言が効く。言いにくいことを言うことが、本当のことを伝える礎となると教えられた。

いばりん坊の父との会話

我が父は、いばりん坊だ。お客様がいらしても、タクシーに乗っても、ヘルパーさんが家に来ても、どんなときでもすぐ威張る。その内容は、会社員時代に頻繁に海外出張に行き、世界をまたにかけてバリバリ働いていた……ようなことから始まって、最近は娘が本を出し、芦屋の「ジュンク堂」にその本が並んでいることなどなど。

一緒にタクシーに乗ると、必ず「ロンドンのタクシーは、向かい合って座る席があって、運転席との間にはガラス戸があっての～」と始まる。しかも、運転手さんに向かってではなく、私たちに言い聞かせるような口調で。でも、聞いてほしい相手は運転手さんで、私たちは、もう1万回ぐらい同じ話を聞いているのだ。「あ～あ、また始まったよ」と母と顔を見合わせる。そして、なるべく私は「そう言えばさ～」と他の話を始めるようにしている。

だから、自宅でご飯を食べながら、父の自慢話が始まっても、私にはそれを聞く気持ちがさらさらない。「はあ〜」と心の中でため息をつきながら、見えない耳栓をする。幼い頃から、そうやって父の話をやりすごしてきたのだ。

ところが……。母が1か月入院し、父のご飯を作るために、私が東京と関西の実家を行き来していた頃、毎日ふたりで食卓を囲むことになった。私はここで、20代で家を出て以来初めて、父と真正面から向かい合ったのだ。偏食の父は、いったいどんなおかずだったら食べるのか？と考えて、母にLINEで「パパ、これ好きかなあ？」と聞き、「野菜炒めは好き。生サラダは嫌い。好物はイカ」などの情報を仕入れる。スーパーに買い物に行き、イカ入りの八宝菜を作ると「これ、ノリコが作ったの？　うまいの〜」と喜んで食べる父の姿に、思わずガッツポーズをする。そんな繰り返しの中で、自然に食卓での会話が弾むようになっていた。

会社員時代、英会話学校で特訓を受けたばかりの父が海外出張に出かけた先での話。日本でガラス工場を建てることが決まっていて、フランスのガラス工場から砂を溶かすための窯を購入し、さらに技術提携を受けることになっていたのだと言う。その交渉役に、当時まだ30代だった父に白羽の矢が立ったというわけだ。ところが、現地の工場を見学させてもらったものの、なかなか肝心の「技術」を教えてもらえなかったそう。出張日程はどんどん進み、とうとう最後の日になった。なのにまだ、フランスのエンジニアたちは、いちばん大事なことを話そうとしない。そんな彼らの態度に、会議室で父は怒りを爆発させた。「バンバンと机を叩いて、これじゃあ、何も進まない。ここに来た意味がない、って怒ったんだよ」

几帳面そうで、礼儀正しい日本人が、突然大爆発して怒り始めたから、フランス人たちは、大層驚いたらしい。そうして大事な「秘密」をやっと伝授してくれた。そこで、父は何億もの取引を、たったひとりの裁量で決めて帰ってきたのだ。

「へ〜〜〜！　そこで怒ったら、なにもかもおじゃんになるかも、って怖くなかったの？」と聞いてみた。「でも、怒らなくても、肝心な技術を持って帰れないなら意味がないやろ」と父は飄々と語る。若くして、そんな大胆なことをやってのけたのか、と我が父ながら、その勇気と情熱に拍手を送りたくなった。

そして改めて気づいたのだ。あれ？　私ったら父の自慢話を面白く聞いているじゃないか。私は、一応インタビューをするプロフェッショナルであるはずなのに、今まで父の話をちっとも聞けていなかった。自分の親となると、どうしても「父」や「母」というフィルターをかけてしまう。第三者の話だと、客観的視点で「そんなすごいことを！」と感動できるのだが、身内だとその価値を正確に把握できなくなってしまうのだ。そして、身近にいる人の話は、ざっくりといい加減に聞きがちだ。網の目をちょっと細かくし、丁寧に耳を澄ましてみると、すぐそこに思いもかけないドラマが転がっていたことに気づく。

これを機に、私は父の話の聞き方を変えるようになった。意識して、話の合間に質問を挟むようになったのだ。「え？　その時どう考えたの？」「その後どうなったの？」「周りの人は何をしていたの？」など。これは、自慢に走らず、事実を事実として語ってもらうのにも役立つ。

さらに質問は、昔話と今を結ぶブリッジの役目を果たしてくれる。「私だったら、たったひとりで外国に出張に行って、先方の会社のスタッフが意地悪だったら、めげて落ち込んで帰ってくるしかなかったかも。そこに怖さを感じなかったのはなぜ？」と自分事として耳を傾けることができるのだ。父としてではなく、戦後から昭和の時代を生き抜いてきた、ひとりの人間としてその姿を見つめると、生きた歴史は限りなく面白い。

戦争中を東京世田谷で過ごした父。軍隊に入った兄に忘れ物を届けるため、世田谷区の東松原の自宅から埼玉県の朝霞《あさか》まで自転車を走らせたのだと言う。当時は当然スマホのGoogleマップもないし、紙の地図さえなかった。「え〜！　どうやって方向がわかったの？」と聞くと「だいたい、あっちと目星をつけて、あとは人に聞いてさあ」と語る。やっと辿り着いた時、お兄さんは隠し持っていた角砂糖をひとつ、父にくれたのだそう。そんな小さな物語に感動してしまう。

私が幼い頃、父は出張が多く、さらには10年近く単身赴任をしていたので、話を聞いた覚えも、聞いてもらった覚えもほとんどない。コミュニケーション不足だから「わかってもらっていない」という不満ばかりがつのり、心がすれ違ったままだった。いばりん坊で権威主義で大嫌い！　そんな時代を経て、やっと昔足りなかった会話を、今取り戻しているような気がする。

178センチと長身だった父も、最近背が縮み、168センチの私とそれほど変わらなくなってきた。60歳になった私は、見上げるばかりだった父と、今同じ目線で話している。人生後半になって、子供はやっと親と対等に向き合い、親をひとりの人間として認識するようになるのかもしれない。その時、私たちは親と出会い直す。残り時間は少ない。できるだけたくさん話をし、今まで見て見ぬふりをして通り過ぎてきた、父の足跡を知りたいと思うこの頃だ。

いやだ、嫌いだ、と言っていた父に、いちばんよく似ているのは私なんだよなあと最近よく思う。ふと気づくと、「私はライターとしてこんなふうに頑張ってきてね」と後輩たちに自慢げに話をしている自分に気づく。見知らぬ他者と一緒にいる時、「私はこういうキャリアを持つ人間で」とマウントをとり、自分の位置を明確にしたがっている自分にハッとする。

いかん、いかん！　私ったらあんなに毛嫌いしていた「いばりん坊」になっちゃってるじゃん！　と反省。誰かよりエラいとか、そんな上下をつけることなく、フラットにコミュニケーションを楽しめる人になりたい……。父の姿が教えてくれることは大きい。

年代ものの調理道具とカレー作り

実家に帰ると母が「夕飯、何が食べたい？」と聞く。里芋の煮物とか、魚の甘酢あんかけなど、母の得意料理をリクエストすることが多いが、定期的に「カレーライスが食べたい！」と答えていた。「実家の味」がいちばん顕著に出るのがカレーなんじゃないかと思う。イチダ家のカレーは、市販のルーを使わず、イチから作るので、なかなか手間と時間がかかる。まずは豚バラの塊肉を一口大にカットし、表面だけ強火で焼いて、水4カップの中に入れ、コトコト煮こんでおく。次にフライパンで玉ねぎ2個をバターでじっくり30分ほど炒める。飴色になったら、皮を剥いたメークイン、にんじんを加えて炒め、カレー粉、小麦粉を加えて混ぜる。そこへ肉を煮込んだスープを少し加えて、カレー粉をペースト状にする。フライパンの中身をすべて肉の鍋へ移す。顆粒の鶏がらスープを入れて20分ほど煮込み、ウスターソース、酢、塩、胡椒で味を調えて完成だ。

幼い頃、バターで玉ねぎを炒める香りが漂ってくると「あ！　今日はカレーだ！」と喜んだものだ。やがて、私は家を出て、外でいろんな味を知り、ココナッツミルクを入れて作るタイ風グリーンカレーや、スパイスを油で炒めて香りを出すインドカレーなどを、自分で作るようになった。新しいカレーの味を知るたびに、「おお、これが本格派なのか！」と、あれこれスパイスを揃えるようになり、実家の欧風カレーは「古臭い味」となった。

そんなある日、久しぶりに実家で母のカレーを食べたら、そのおいしさに驚いた。「え？　こんなにおいしかったっけ？」って。使うのはＳＢの赤い缶のカレー粉だけ。それでも、丁寧に玉ねぎの甘さを引き出し、豚バラ肉をゆっくり煮込んだスープを生かしたカレーは絶品だった。さっそく母のレシピノートを写させてもらい、自宅に戻って同じように作ってみたが、なんだかうまくいかない。諦めて、長年「イチダカレーは、実家で食べるもの」と思ってきた。

ところが……。80歳を過ぎた頃から、母は長時間キッチンに立つとしんどいと言うようになり、カレーの登場回数も減ってきた。でも、時々無性にあの味が恋しくなる。そこで、満を持して私は実家でカレー作りの特訓を受けることにしたのだ。

母に横で見ておいてもらい、カレーを作る。玉ねぎは「もっと弱火で」とか、フライパンでカレー粉と小麦粉を炒めたルーをのばす手加減とか。そんな塩梅を忠実に再現し、恐る恐る味見をしてみたら「お〜〜！」と声が出るぐらいおいしく仕上がった。後日自宅でひとりで作っても、ちゃんとイチダカレーの味が再現できるようになった。

今まで体験したことがない、見知らぬおいしさを知るとワクワクするものだ。でも、人は一周回って最後には、実家の味へと戻っていくのではなかろうかと思う。新しい味を知ったからこそ、しみじみした味わい深さがわかるようになる。「これ」しか知らなかった時代には気づかなかった、母の手からしか生み出されないおいしさが、確かに存在すると知る。

カレー作りのいちばんのポイントは、玉ねぎをゆっくりじっくり30分炒めることだ。つい急いで火を強くしてしまうとたちまち焦げてしまう。弱火にしたフライパンの横に立って、ひたすら炒め続ける。30分ほど立ちっぱなしでフライパンの中身をかき混ぜ続けるのは、なかなか骨が折れる。

このとき使うのが、母が若い頃、旅先の広島で買ってきたという木のしゃもじだ。40〜50年以上使い続けているしゃもじは、先が斜めに減って、ヘラの部分が半分ほどの長さになっている。キッチンの引き出しから、このしゃもじを取り出すたびに、母が台所で過ごした時間に思いを馳せる。ほんの少しずつ、少しずつ、すり減ってきたしゃもじ……。他にも、実家のキッチンの引き出しや、シンクの下には、年代物の道具の数々がしまわれている。ところどころ凹んで変形しているアルミの両手鍋は、祖母がよく魚の煮付けを作るときに使っていた。赤いフタの四角い蒸し器は、茶碗蒸しを作ったり、さつまいもをふかしたり。

私は「有次」でやっとこ鍋を揃え、「ル・クルーゼ」がいいと聞いたらそれを買い、今度は「ストウブ」だと買い替えてと、くるくると使う道具を換えてきた。まだ使えるのに、見知らぬ道具の使い心地を知りたくて、そして、なんだか新しい気分を味わいたくて、古いものを手放してきた。情報をインプットする機会が少ない母は、そんな気まぐれな娘とは違い、昔ながらの道具を淡々と使い続けている。だからキッチンに並ぶものは、ちっともおしゃれじゃないし、古臭い。でも、だんだんそんな年季の入った道具を格好いいなあと感じるようになってきた。

私が小さかったときから、まるで時計が止まっているかのような実家の調理道具を見ると、胸がキュンとする。ずっと使い続けてきてくれてありがとう、と母に言いたくなる。暮らしの中で使う道具には、家族の記憶が刻まれるのだ。大きな変化がなくてもいい。あれこれ新しいものを知らなくてもいい。ただ、家族がおいしいものを食べ健康で過ごしてくれればいい。そんな母の底力のようなものを道具たちが語ってくれる。

時折珍しくキッチンで新しいものを発見することがある。先日見つけたのは、ピカピカのステンレスの大きめの鍋だ。鍋料理をする際、土鍋を運ぶのが重たくなったので、「コープ」のちらしで、この鍋を発見し購入したのだと言う。これなら、わざわざカセットコンロを出さなくても、卓上のＩＨ調理器で対応できる。自分の体力と腕力を考えて、使う道具をアップデートする。そんなところは母は案外柔軟性があり、切り替えが早いのだ。

変わらない道具を眺めるのも嬉しいが、こうして「新しさ」を取り入れる様子を見ると、なんだか安心する。年老いても、前向きに自分の生活を更新できるのは素晴らしいことだ。その活力を感じることは、娘にとって何よりの喜びだ。

最近では、実家に帰ると、東京に戻る日に私がカレーを作るようになった。午前中に部屋の掃除を終えると、玉ねぎを刻み始める。バターで炒め、カレー粉を入れる頃になると、父が鼻をクンクン言わせながら「うまそうな匂いやなあ」と嬉しそうに笑う。

出来上がったカレーを一緒に食べるのではなく、父と母のためにおいてくる。帰りがけに「今日は夕飯を作らなくてもいいから助かるわあ」と母。新幹線に飛び乗って、夕暮れの街を眺めながら東京に向かっていると、カレーの並ぶ実家の食卓が目に浮かぶようで、「ふふふ」と笑いたくなる。そして、両親のために鍋いっぱいのカレーを作る幸せを噛み締めるのだ。

父からのメール

時折、父からメールが届く。92歳の今も毎日パソコンに向かっているのだから、大したものだ。定年退職する時に、父にパソコンを、ついでに洋裁に凝っていた母にロックミシンをプレゼントした。当時、私はライターとしてなんとか食べていけるようになり、少しは貯金ができるようになっていた。そこで、ちょっと自慢げに「これで買って」とお金を送ったというわけだ。ふたりとも「多すぎるよ」と遠慮したけれど、両親が望んだ道を大きくはずれ、不安定なフリーランスの仕事を選び、心配をかけた分、あのお金は、「私は大丈夫。これでやっていきます」という決意表明だった気がする。

それまで、ワープロを使っていた父が、果たしてパソコンを使いこなせるのだろうか？　私が手取り足取り教えなくちゃいけないんじゃなかろうか？　と考えていたけれど、忙しさにかまけて放ったらかしだった。ある日実家に帰ってみると、父はインターネットを駆使して調べものをし、プロバイダーと契約をしてメールを使いこなしていた。「もう、ずっとパソコンの前にいるんよ」と母。何かを「できるようになりたい」と決意したときの父の集中力はすごい。

そんな父が車の免許をとったのは、60代になってからだ。娘ふたりが独立し、やっと責任を手放したとき、ずっと欲しかった車を買ったのだ。当時千葉県に単身赴任中で、兵庫県の自宅に帰って試験を受け、合格した日に納車。そのまま初心者マークをつけて兵庫県から千葉まで車で走って行ったというから、その大胆さには呆れてしまう。

その後、老人暴走族と化し、スピードオーバーで捕まること数回。一度は免停にもなった。警察に出頭したとき、「あんな場所で、スピード違反の取り締まりをするなんて、けしからん！」と逆ギレしたと聞いて、父らしいよなあと母とクスクス笑い合った。

定年退職後は、母を助手席に乗せて、九州一周へ、八ヶ岳へ、那須高原へと、ドライブがてらの旅に出かけるのが何より楽しかったようだ。まだ、カーナビが普及していなかった頃、出かける前にロードマップに付箋を貼りまくり、時にコピーをとりセロハンテープでつなげて行き方を完璧に準備した。その地図を手渡される母こそ気の毒だった。ただ、父はほとんどの道を頭に叩き込んでいたから、地図をほとんど見なくても、目的地へ辿り着けたのだという。

あの当時が、父と母にとっていちばん楽しかったのではなかろうか？　仕事や子育てから解放され、ふたりで純粋に旅をする……。今から思い返すと、その時期は10年ほどだった。体力も気力もまだまだあって遊べるのは、70代ぐらいまで。今、私は60歳だから、残された時間は20年弱なのだな……。そうやって指折り数えながら、自分の未来の準備をすることも、父と母が教えてくれた人生の一面だ。

父は80歳を過ぎた頃、免許を返納した。あれほど出かけることが大好きだったのに、「外に出るだけで疲れるから」と、めったに出かけなくなった。そして今はパソコンだけが、外界への窓口となった。そして、時事ニュースから、ふたりで応援しているプロ野球の阪神の選手情報、芸能ネタまで、パソコンで仕入れた知識を、母に自慢げに伝えるのが日課となっている。聞き役に徹している母は、「ネットのニュースなんて、どれが正しいかわからないのに、もう信じ込んで大袈裟に語るのよ」とぼやいているけれど。

外出しなくなったふたりの今の楽しみは、家でおいしいものを食べることだ。そこで、私は父と母が好きそうなものを見つけてはせっせと送るようになった。和菓子の老舗「ささま」の最中《もなか》、素朴な味の「シヅカ洋菓子店」のクッキー、「川奈ホテル」のフルーツケーキ。出張に出ると、九州から明太子を、北海道からイカの塩辛を。季節に合わせて冬にはりんごを、夏から秋には桃や梨、ぶどうなどを。

たかが宅配便だが、老夫婦の変化のない日常には、少しは刺激になっているんじゃなかろうか。父は荷物が届くと、その店をネットで調べているようだ。晩御飯の食卓に、いつもと違う一品が並んだり、食べたことのないクッキーやケーキをお供に紅茶を淹れて過ごすおやつのひとときが、ほどよい気分転換になってくれればいいなあと思っている。

そして、荷物が着くと父からメールが届く。毎回その文章に、くすっと笑ってしまう。「おいしかった」「嬉しかった」という気持ちが、大層ドラマティックに誇張されて綴られているのだ。たとえばこんな感じ。（文章ママ）「今日お昼、西宮北口の床屋から帰って来たら丁度荷物が届き、中を開けたらかなり高級なクッキー類がいっぱい入った箱を受け取りました。早速開けたら、かなり高級なクッキー類。早速賞味しました。何時も心にかけて貰って嬉しいよ！　幸福だなあ。有難う」

実の娘に対し「心にかけてもらって嬉しいよ」とか「幸福だなあ」なんて、こっちが恥ずかしくなってしまう。でも……。なんだか父らしいなとも思うのだ。サービス精神が旺盛で、会社員時代も、同僚や後輩たちと話すときには、駄洒落を言ったり、ちゃかしたり。父の電話を横で聞いていると、いかに相手を愉快にさせるか、いかに笑わせるかに終始して話していることがよくわかる。そのエンターテイナーっぽいところが、実は外面のいい私もおんなじじゃないか、とこっそり感じたりする。

子供の頃、私は父が苦手だった。こっちの気持ちをわかってくれないだけでなく、父が何を感じ、何を考えているのかもさっぱりわからなかった。コミュニケーション不足といえばそれまでだけれど、若かった頃の父は、子供にどう接したらいいのか、わからなかったのだと思う。だから、メールの中にある父のちょっと〝盛った〟感謝や喜びの言葉に、やや戸惑い、なんだかくすぐったく、ふふふと笑ってしまう。長い月日をかけて、父と私は、パソコンという装置を通して、やっと素直な想いをやりとりできるようになったのかもしれない。

実は、この原稿を書いている最中に、父は新しいパソコンを買ったのだという。一度買い替えてから10年以上使い続け、最近では動きが遅くなったり、あれこれ不具合が出ていたのを、ずっと我慢していたらしい。「ついでにプリンターも新しくしてなあ」と嬉しそうに報告してくれた。90歳を過ぎて、15万円以上する新しいパソコンを買う。そのことに驚くと同時に、父の目にはまだまだ未来が見えているのだなあと嬉しくなった。

無垢な母と小賢しい娘

ある日、母から電話があった。「シャンプーとリンスを買おうと思うんだけど、どれがいい？」と聞く。「スーパーで、今まで使っていたやつを買おうと思ったら、見つからなくて。店員さんに聞いてみたら、生産中止になったんだって。ずっと気に入ってたのに」ということらしい。母が「ずっと使っていた」というシャンプーとリンスは、カネボウ化粧品の「サラ」というシリーズだ。実はこれ、私が大学時代に使い始めたもの。当時ローズ系の香りが好きで、髪の毛がしっとりと洗い上がるので愛用していた。それを母に教えたら40年以上もの間、使い続けてきたというわけだ。

当の私はと言えば次々に、高級シャンプーだったり、オーガニック系のヘアケア用品を試し、「サラ」のことはすっかり忘れ去っていた。けれど、実家のバスルームには、あのピンクのボトルのシャンプーとリンスが、ずっと並んでいたのだ。

こんなことがよくある。「これいいよ～！」と母に教えたものの、飽き性の私はすぐに他のものに乗り換えてしまい、母だけが律儀に使い続ける。その姿を見るたびにちくりと胸が痛む。

冷えとりソックスもそのひとつ。今から10年ほど前「冷えとり」について取材をしたのをきっかけに、ソックスを4枚重ねて履くようになった。母にも「足先が温まると、血液の循環がよくなって、体調がよくなるんだって」と取材で聞いたまま、受け売りでその効能を伝えて、「絹と綿、5本指と丸い指先の4枚を重ねるんだよ」と得意げにソックスをプレゼントした。

ところが、私はいつものごとく、5～6年続けた後に、やっぱり足先がもこもこすると、ボトムが格好よく見えないし……とやめてしまった。でも、母は今でもお風呂から上がると寝る前に必ず4枚ソックスを履く。「夏でも、履かないと、足先がす～す～するんよ」と言う。

そんな母の持続力は、娘の私がこう言うのもなんだが、少女のような素直さから始まっているなあと思う。私なら、誰かに何かを教えてもらっても「え～、それほんとかな?」と疑うことから入るのに……。

20歳で結婚した母は、近所の人にいつも「頼りなさげ」に見られたのだと言う。おとなしくて、口が重い。黙っているから自分の意見を持っているなんて思われないのだろう。なのに、最近では、よくしゃべり、しっかり者の姉御肌と認識されているらしい。歳を重ねると、性格もそんなに変わるの？　と不思議になるが、もともと持ち合わせていた本性が現れただけなのかもしれない。

私が勧めて、両親ともに取り入れたものに、「黒麹甘酒」がある。甘酒が白い麹で作られるのに対し、焼酎などに使われる黒麹を使うと、クエン酸ができて酸味のあるヨーグルトのような甘酒になる。これが、腸活にとてもいいのだ。私も取材でいただいて、飲んでみたら、翌日から腸がぐるんぐるんと動き出した。歳をとると腸の動きが鈍くなって、父も母も便秘に悩んでいた。そこで、この黒麹甘酒を勧めてみたのだ。

実は父も母も発酵食品が苦手だ。だから、コレもきっとダメだろうなあと思ったのだが、「試しに飲んでみて」と送ってみると、素直な母は嫌いな味なのに、いつものごとく「とりあえずやってみよう」と飲み始めた。すると、腸の動きがぐんとよくなり、父にも勧めて、今ではふたりで毎朝飲むようになったというわけだ。朝食の前に「そうそう、あの薬飲まなくちゃ」と、黒麹甘酒をスプーンひと匙ずつ舐めている。ただし、いつも麦茶を横に置き、ひと匙舐めるとすぐに、麦茶で口の中を洗い流すようだが……。

あるとき、実家に帰ると「あの腸のお薬、ヘルパーさんにも勧めたのよ」と母が言う。ヘルパーさんの高齢のお母様が、やはり便秘に悩んでいらっしゃったそうで、「あれの話をしたら、やってみたいって」。

こんなふうに、自分で体験したこと、見つけたことを、昔の無口っぷりが信じられないほど、母はペラペラと人にしゃべっているようだ。困っている人がいれば、自分が知っていることで、なんとか役に立ちたいと躍起になる。

世の中にはいろいろな人がいる。「あの人のために」と思って、あれこれアドバイスをしても、「余計なお世話」と言われる可能性もある。けれど、母はじっとしてはいられない。先日、母が高齢者用のキャリーバッグを買った。スーパーなどに買い物に行く時に使うショッピングカートよりも小ぶりで、杖代わりに使うこともできる。杖をつきながら歩くと、どうしても歩みが遅くなる。けれどこのキャスター付きのキャリーバッグなら、体重を支えながら押してスイスイと進むことができ、大層気に入ったよう。

そして「あの人も、きっとこれを使ったらいいに違いない！」と、同じマンションに住む友人に、このキャリーバッグを勧めることにした。わざわざ自分のキャリーバッグを持って行き、「一度使ってみて」と貸し出した。彼女もすぐに購入を決めたのだという。

誰かの言葉をすぐに信じることも、誰かが困っていたら放っておけないことも……。世間知らずといえばそれまでだが、私は母のこの「無垢さ」にいつも何かを教えられる。外からやってきた刺激に対して、ダイレクトに、「そのまんま」で反応するって、なかなかいいじゃないか。

社会で仕事をしていると、いつの間にかたくさんのフィルターを持ち、「受け取るか」「受け取らないか」と取捨選択するようになる。だまされないように。無駄な寄り道をしないように。損をしないように。誰かに後ろ指をさされないように……。フィルターの数だけずる賢くなる。

誰かに「これすごくいいんだよ」と教えてもらったとしても、「その人が選ぶものが、どれほど評価されているか？」と計算したり、「あれの方がもっといいはず」と比べたり。さらに、誰かが困っていたとしても、立場や状況を判断し、口をつぐんでしまうことも多い。

それは、私が世間の荒波の中で生きていくために身につけた術ではあるけれど、ノーフィルターで人と接する母の姿を目にしたとき、自分の計算高さを指されたようでハッとするのだ。

そして、いつも思うのだ。ちょっとぐらい損をしてもいいのかもしれない。間違えて、振り出しに戻ってもいいのかもしれない。器用に生きようとしなくてもいいのだと、母に教えられているような気がする。

朝食はバタートースト

実家での朝ごはんの風景が好きだ。我が家では、私が幼い頃から、朝食はバタートーストと何かしらの飲み物と決まっていた。おかずはなく、ただそれだけ。中学、高校時代になると、よくドラマなどで見かけるサラダや目玉焼き、スコーンやフレンチトーストなどのモーニングに憧れて、そっけない朝食がイヤだった。

京都府の舞鶴市で生まれ、5歳まで過ごした父の会社の社宅で、うっすらと記憶に残っている風景がある。キッチンに置いたダイニングテーブルで、みんなより少し遅く起きてきた祖母がバタートーストを食べている姿だ。たぶん、私が3歳くらいの頃、もう自分は食べ終わっているのに、祖母のそばに寄っていって、バターナイフについたバターをぺろりと舐めさせてもらった。芳醇でリッチな味わいは、母に内緒だったからこそ、密やかなお楽しみだったのだ。象牙の持ち手がついているそのバターナイフは、もう変色しかかった年代物だが、実家で今なお現役で使われている。ナイフ1本に、子供時代から、私が結婚して家を出るまでの、毎朝の朝食風景が詰まっている。

今、母は起きると、まずは朝食の準備を始める。ランチョンマットを敷いて、「ロイヤルコペンハーゲン」の「ホワイトフルーテッド」という名の真っ白な皿を並べる。大きな方はトースト用で、小さな方はフルーツ用だ。阪神・淡路大震災で、食器棚のほとんどの器が割れてしまった後、母はこの「ロイヤルコペンハーゲン」の直径22センチと、19センチ、さらに10センチのデザート皿の3種類を買い、「これからは、これだけを我が家の定番にする」と宣言した。和食器や小皿などはあるが、もうあれこれは買い足さないのだと言う。コーヒーカップは、私がプレゼントした「ブルーフルーテッド メガ」という、定番の花柄を、あえて大きくデフォルメしてデザインしたものだ。買いに行ったとき、伝統的な柄と、ちょっと個性的なこの柄のどちらにしようか迷いに迷った。最後は自分自身が好きな方を選び、「もし気に入らなかったら取り替えに行くから」と恐る恐る渡してみると、「なかなか格好いいやん！」とふたりとも喜んだ。

「おお！　意外と『今どき』のデザインでも受け止めてくれるんだ」とほっとしたことを覚えている。

キッチンに立った母はまず、ミルクパンに牛乳を入れ小さな火にかける。私なら急いで強火にしすぐに噴きこぼれさせてしまう牛乳を、10分以上かけて、ゆっくり温める。カップに砂糖、「ネスカフェ　ゴールドブレンド」のインスタントコーヒーを入れ、温まった牛乳を注いで牛乳コーヒーの完成。父は「リプトン」のティーバッグで淹れた紅茶に、砂糖をスプーンに山盛り5杯は入れて飲む。

紅茶の香りや味がどうのこうのというより、とにかく甘さが重要なのだ。会社員時代、来客時に応接室で紅茶を出すとき、秘書の人に自分の紅茶には、あらかじめ角砂糖を3個ほど入れておいてもらったのだと言う。そして、打ち合わせをしながら、2個を足して飲む。「ある時、お客と俺のを逆に置いちゃったんだよ」という昔の笑い話は、もう100回ぐらい聞かされた。

小学生の頃、コーヒーが飲んでみたかったのに「子供はまだダメ」と、毎朝温めた牛乳とバタートーストだった。薄い膜の張った牛乳が大嫌いだった。でも「子供の希望を聞く」という文化は、昭和の一田家にはまったくなく、食卓に出されたものを食べて飲む、というのが逆らえない日常だった。

同時進行でパンを焼く。私が幼い頃は、「ヤマザキ」の食パンだった。今も続いている「ヤマザキ春のパンまつり」というキャンペーン期間中にシールを集めて白いお皿をもらいに行くのが楽しみだった。今は2週間に一度買いに行く、母お気に入りのパン屋さんがある。杖をつきながら、バスに乗って買い物に行くのは大変だ。しかも、いつも買い物をしているスーパーとは真逆な方向なのに、「ここのパンじゃなきゃ」と、わざわざ出かけて行って、冷凍庫にストックしている。前日の夜、次の朝に食べる分だけを出してビニール袋に入れて食器棚のパン皿の上にのせておく。これをトースターで焼く。母はバターとピーナツバターを。父はいちごジャムを塗って食べる。これに、「カルシウムを摂るために」と、「6Pチーズ」をひとつずつ。

食後には、バナナやオレンジなどフルーツを食べるというのが朝食のフルコースだ。そして、父は1か月分の薬を1日ずつ小分けしたメディスンボックスを取り出して、10個以上の薬を、オブラートに包んで飲む。これを忘れないように見守るのが母の役目だ。

今も私が実家に帰ると、いつもと変わらぬバタートーストと牛乳コーヒーが出てくる。若い頃は、世の中にはもっと素敵な朝食がいっぱいあるのに、どうしてこればっかり？　と不満だったけれど、今は「変わらない」ことに感謝している。幾度か引っ越しをし、それぞれの家のダイニングで、バタートーストとホットミルクや牛乳コーヒーを前に、朝のひとときを過ごした記憶が数珠つなぎになっている。

自宅では豆を挽いて淹れたコーヒーしか飲まないけれど、ときどき帰って味わう、実家の砂糖をたっぷり入れたインスタントの牛乳コーヒーは体に染み入る甘さでおいしいし、カリッと焼けたトーストにバターを塗ってがぶりと食べれば、ほっと落ち着く。

ただし「変わらない風景」は少しずつバージョンアップされてこそ、古びない。景品の白い皿から、北欧デザインの丈夫な皿へ。スーパーの食パンから、お気に入りのパン屋さんの角食へ。極めてゆっくりだけれど、そこには母のゆるやかなペースによる発見がある。たくさんの「おいしい」を集めるより、「この組み合わせがおいしい」というたったひとつを、頑固に守り続けることで、父と母と、そしてときどきジョインする私の変わらぬ朝の風景が続いていく。

母の自信

毎週日曜日の夜9時に実家に電話をし、30分ほど母とたわいもないおしゃべりをする。長年、固定電話にかけてきたけれど、5～6年前に両親が揃ってスマホを買い、「友達割になるから」と提案されて携帯にかけるようになった。しばらくすると、今度はふたりがＬＩＮＥを使いこなすようになったので、今はＬＩＮＥ電話を使っている。

呼び出し音が鳴っている間、毎回少しドキドキする。「ちょっと具合悪いのよ」と言われたらどうしよう……。これまで何度かそんな日があり、そこから数か月は、やきもきする時間を送ったものだ。だから「もしもし～」という母の呑気な声が聞こえるだけでほっとする。

ある日、「7階のＩさんちにね、あの〝モフモフ〟を持って行ったのよ」と母が語り出した。〝モフモフ〟とは、「クイックルハンディ」のこと。

3年ほど前、母が肩に人工関節を入れる手術をした。ちょうど同時期に側弯症という、背骨が曲がる症状がひどくなり、今までのようにシャキシャキと動けなくなった。今は、出かけるにも、部屋の中を移動するにも杖が手放せない。

我が母は、大雑把な性格の私とは大違いで大層なきれい好き。基本の掃除のほかに「月曜日は冷蔵庫の上、火曜日はサッシの溝」と、1週間のスケジュールが決まっていて、雑巾を手にくるくると動き回っていたのに……。

手に力が入らないので雑巾が絞れない。しゃがんで床を拭くのがつらい。そんな症状を見て、私は勝手に実家の掃除変革作戦を立てた。雑巾を使わなくていいように、掃除用のウエットシートを購入。取材で「『セブン-イレブン』のシートが、厚手でいちばん使いやすい」という知識を仕入れていたので買ってきた。それを「無印良品」の「ポリプロピレンウェットシートケース」に入れて、洗面所とキッチンにセット。

さらに部屋のあちこちのホコリを払えるようにと手渡したのが、私も自宅で愛用している、あの〝モフモフ〟だったというわけだ。毛足が長い吸着繊維がホコリを絡め取ってくれる、というのがいいところ。雑巾を絞って、家中を拭いてまわって、洗って干す、という手間がなくなり、これ1本で「ササ〜ッと撫でる」だけで終わる。

保守的で、自分のやり方を頑として曲げない母が、この文明の利器を受け入れてくれるだろうか？　と不安だったけれど、意外や柔軟に対応してみせた。今はシートやモフモフを駆使して自分でする掃除と、週2回来てもらっている介護ヘルパーさんに頼む掃除をうまく組み合わせて、部屋を心地よく整えている。そんな実家は、我が家よりずっと隅々まで美しい。

さて。そんな母が〝モフモフ〟を同じマンションに住む同年代のIさんちに持っていったのだと言う。「どういうこと？」とよくよく聞いてみたら……。実はIさんも母と同じ病を患っていて家事がままならない。たまたま「お茶を飲みにいらっしゃらない？」と誘われたとき、母は部屋に入ってあちこちにホコリがたまっている様を目撃してしまったというわけだ。「だからね、あんたに教えてもらったあの〝モフモフ〟があれば、簡単に掃除ができちゃうわよって教えてあげたの。でも、実物を見ないとわからないじゃない？　それでうちのを持って行って見せてあげたのよ」

なんとまあ、親切なこと！　ここ2～3年、母のこんな行動が増えてきたなあと感じるようになった。いい意味での「おせっかい」だ。腰が痛いという友人がいれば、自分が行っているペインクリニックを紹介する。近所の八百屋さんが、忙しくて食事をする暇もないと聞けば、自分では食べきれなくなった冷凍の宅配弁当をお裾分けする。読書好きなヘルパーさんに、私が送った本を貸す、などなど……。

母の性格を知る私には、これらは大層意外なのだ。というのも、母は元来おとなしくて人見知り。「自分」というものを出さないまま、夫や姑に従って生きてきた。つまり、自分の意見を主張することのない人生だったのだ。

ところが……。祖母が亡くなり、家庭を切り盛りするハンドルを握った頃から、父の半歩後ろを歩いているように見せながら、こっそり大いなる行動力を発揮するようになった。

まずは、私と妹が家を出た後、長年そのままになっていた部屋を整理し、新たなベッドを2台入れて、ホテルライクな客室を作った。今私が実家へ帰ると、ピシッと洗い立てのシーツをしつらえ待っていてくれる。さらに、今回はバスルームと洗面所を、次はリビングの壁紙と絨毯を、といつどこにお金をかけるかをきちんと計算し、計画的にリフォームを決行。だから築50年近く経つマンションは、決して古びた感じにはならず、そこそこきれいにキープされている。詳しくは知らないが、銀行に説明を聞きに行き、年金保険を掛け替えたりと、お金の管理もアップデートしているようだ。「思い立ったら」の行動力は、我が母ながらあっぱれなのだ。

そんな、思い切りの良さが、家庭の中だけでなく、周りの人へと向かって広がってきたのが、母の「おせっかい」の正体だ。「きっとあの人の役に立つはず」「困っているあの人にこれがあったら助かるはず」。思いついたら動かずにはいられない。

たぶん、若い頃の母は自分に自信がなかったのだと思う。仕事をした経験もなく、家庭に入っても姑につかえるだけ……。人は自分の意思で動き、失敗や成功を繰り返しながら自信の種を育てていくものなのに、そのトライ&エラーの機会がなかなか与えられなかった。だから昔から母を知る友人や親戚たちの多くは、母のことを「おとなしくて、頼りない」と思っている。なのに……だ。

郵便はがき

おそれいりますが
85円切手を
お貼りください

104 8357

東京都中央区京橋3-5-7
主婦と生活社　暮らしとおしゃれ編集部

父のコートと母の杖

愛読者係行

お名前《フリガナ》

住所 〒

都・道
府・県

メールアドレス

生まれた年　　年　／　未婚・既婚（　　）年

職業　会社員　・　自営業　・　パート、アルバイト　・　主婦

よく読む雑誌

よく見るWebサイト、SNS

編集部からのお知らせをメールでお送りしてもいいですか？

はい　・　いいえ

●本書をお買い求めいただいた理由は何ですか？（複数回答可）

□一田憲子さんの本だから　□テーマがよかったから

□その他（　　　　　　　　　　　　　　　　　　　　　　　　）

●本書をお知りになったきっかけは何ですか？

□一田憲子さんのSNSを見て　□書店で見て

□編集部のSNSやWebサイトを見て

□その他（　　　　　　　　　　　　　　　　　　　　　　　　）

●本書の中でよかったページと、その理由をお教えください。

（　　　　）ページ

理由

●本書の中で興味がなかったページとその理由をお教えください。

（　　　　）ページ

理由

●本書を読んでのご感想、一田憲子さんへのメッセージがありましたらお書きください。

発売期間の都合上、みなさまからの個人情報は1年間保管させていただきます。ご了承ください。

最近の母は自信を持ち堂々としている。「こうだと思うのよ」とはっきりと意見を言うし、「これがいいんじゃない？」と他人にもあれこれ提案する。それは、80歳になるまでコツコツと積み上げてきた母の日常が生み出した自信だ。毎日朝起きたら家中に風を通し、洗面ボウルや水洗金具をピカピカに磨き、部屋の埃を払い、買い物に行き、ご飯を作り、季節の花を生けて、家族の話に耳を傾ける。なんてことのない当たり前の日々だけれど、それを50年、60年と果てしなく繰り返すことで、母の中に「これでよかったのだ」という、自分を肯定する力が生まれていた。そんな姿に私は感動するのだ。人生晩年になってようやく手にした母の自信は、成果や評価といった、誰かから与えられるものではない確かさが存在することを教えてくれているように思う。

人生はすべて「はじめて」の連続だ。
父と母は初めて80歳を生き、
90歳を生きている。

（80歳も90歳も、人生の初めて）

親と子は、
親の人生の最終コーナーで
手を取り合って、
その意味を一緒に探すのかもしれない。

（老いる意味）

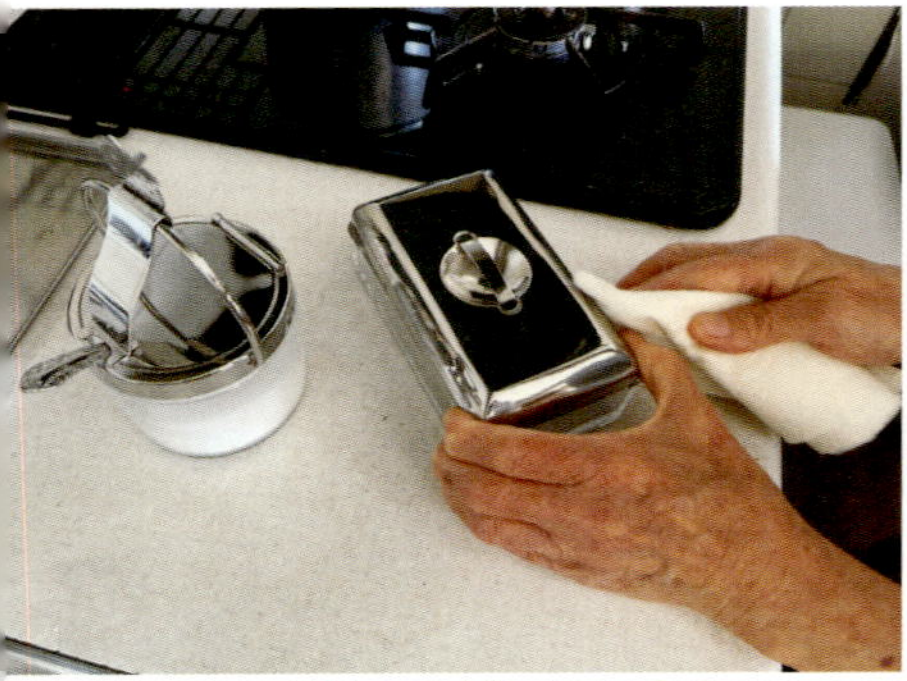

母が教えてくれたのは、
丁寧な暮らしのノウハウではなく、
家事を「点」でなく「線」で見る、
という視点だった気がする。

（家事は「点」でなく「線」で考える）

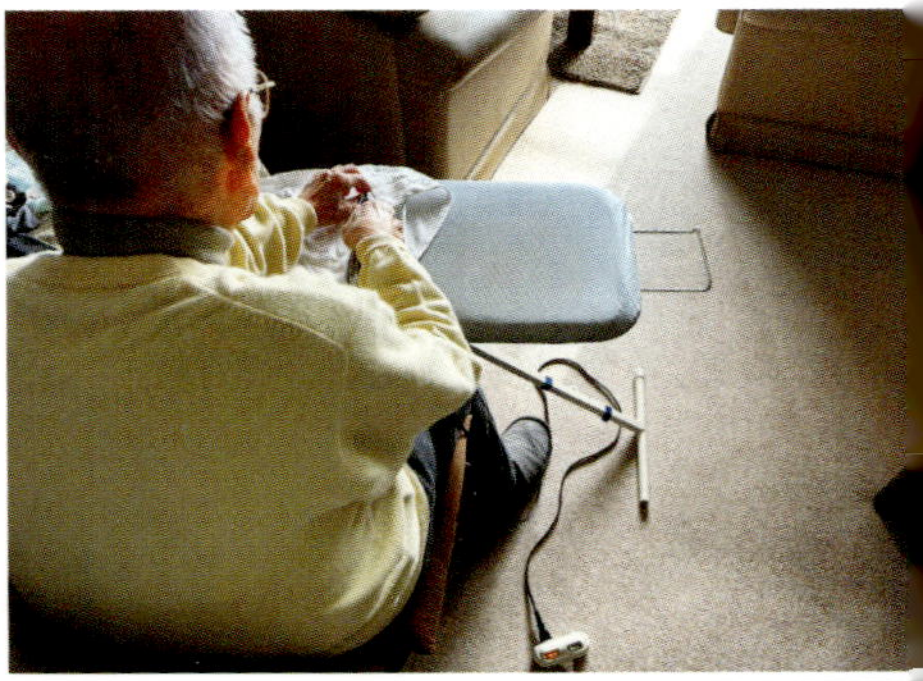

夕飯後にテレビを見ながら
アイロンをかける。そんな父の姿は、
90歳を過ぎても夫婦の関係は
進化できるのだと
誇っているようだった。

（アイロンかけは父の役目）

2

親の人生の最終コーナーで

老いる意味

両親との関係がガラリと変わったのは、２０２１年９月のことだ。はっきりと日にちがわかるのには理由がある。９月３日に、母が肩に人工関節を入れるために入院をしたからだ。手術後、リハビリのために１か月かかると言う。つまり、電子レンジでチンすることも、洗濯機を回すこともできない父が、１か月ひとりで暮らさなければならない。「大丈夫、スーパーで寿司でも買ってくるから」と言うけれど、とてもじゃないが放ってはおけない。そこで、私が東京の自宅と、兵庫県にある実家を行ったり来たりすることにした。なるべく取材や打ち合わせなどの仕事をぎゅっとまとめ、４日実家に帰って３日東京に戻る。そんな生活が始まった。

入院の日、スーツケースにパジャマや歯ブラシ、タオルなど必要なものを詰め込んで、父と一緒に母を病院まで送っていくことになった。到着する前に、神戸で３人でお寿司を食べた。

これから母不在の家で父とふたりで暮らすのか……と、私はなんとも言えない気持ちだったことを覚えている。でも、このときはそれがどういうことか、まだ何もわかっていなかったのだ。コロナ禍だったので、家族でも病室までは入ることができない。ロビーでバイバイと手を振って母は看護師さんに連れられてエレベーターの扉の向こうに消えていった。さて！ここから父とふたりである。その日は、遅くなったから近所のトンカツ店でご飯を食べて帰った。

翌朝、まずは朝食の準備をする。トーストを焼いて、私はコーヒー、父には紅茶。食べ終わったら片付けて、部屋の掃除にとりかかる。掃除機をかけながら、「えっと昼ごはんはどうしよう？」と考える。まだ暑いからそうめんでいいか！晩御飯はどうしよう？父とふたりの暮らしなんて簡単じゃん！と考えていたが大間違いだった。

自宅なら、朝も昼も夫と私はそれぞれ勝手に用意して勝手に食べる。私が作らなくてはいけないのは、夕飯だけだ。しかも、夫は一通りの家事をこなすので、洗濯物を干すことも、夕飯後の食器洗いも引き受けてくれる。ところが……。なんにもできない父のためには、3食きちんと食卓に並べなくてはいけない。朝ごはんを食べ終わったと思ったら、すぐに昼が来る。昼ごはんを食べ終わって、ちょっと仕事でもしようかな？　とパソコンを開けたら、すぐに夕飯の支度の時間がくる。なんて忙しいのだろう！　母は、これを毎日やっていたのかと驚いた。

午前中、実家から歩いて5分ほどの位置にあるスーパーに買い物に行って戻ると、父がソファに横になってうつらうつらしていた。昼食前までぐっすりと眠る。昼ごはんを食べ終わり、しばらくテレビを見ていたと思ったら、また寝ている。ああ、歳をとったのだなあと、その姿を見て改めて実感した。立ち上がるときには、よっこいしょとどこかにつかまらなくてはならず、時間がかかる。ひとつひとつの動作の中に「老い」が見えて、胸がつまった。

今までも、実家に帰るたびに、一緒にご飯を食べ、時を過ごしてきたのだ。なのに、「時々帰る」のと「一緒に暮らす」ことはまったく違った。そこには初めて知る老いた父がいた。

今まで両親は、何歳になっても娘を守ってくれる存在だった。父は目の上のタンコブで、その価値観に納得できず、時に倒さなくてはいけない敵だった。つまり、いつも強かったのだ。その父が老いて、弱っていく。それが、自分で思っていた以上に衝撃で、押しつぶされそうに重く、受け止めきれなかった。

2日分くらいのおかずを作り置き、冷凍食品やインスタントラーメンを買い置き、電子レンジの使い方をレクチャーし、「これは、こうやって食べてね」と言い聞かせて東京に戻った。実家を離れただけで解放感があり、ちょっとほっとする。けれど、夜になって、父があの実家のリビングでひとりテレビを見ながら、冷凍のご飯をチンして食べているかと思うと、訳もなく悲しくて、心配で涙がじわりと滲む。仕事をすませ、新幹線に飛び乗り、実家について玄関ドアを開けると「お～、おかえり」と父がぬっと顔を出し、やっと心が落ち着いた。

それでも「老い」と向き合うことが苦しくて、つらくて、どうにか出口を探したくて、当時「老い」にまつわる本をかき集めて読んだ。鎌田實さんの『がんばらない』や『死を受けとめる練習』、五木寛之さんの『百歳人生を生きるヒント』、森村誠一さんの『老いる意味 うつ、勇気、夢』などなど。今までの経験でひとつ知っていることがあった。それが「喉元過ぎれば熱さを忘れる」ということ。このつらい時期だからこそ、「老いってなに?」「死ってなに?」「弱っても生きる意味ってなに?」と追求したくなる。頭がカラカラに乾き、水分を渇望しているスポンジ状態になっているからこそ学ばなくてはいけない……。そう思っていた。

でも、いくら本を読み、その言葉に「なるほど！」と納得しても、つらい現実は変わらなかった。私は母が退院するまでのその1か月間で4キロ痩せ、心身ともにクタクタだった。今になってやっとわかったことがある。私がつらかったのは、「老い」を認めたくなかったからだ。両親が歳をとり、弱って、やがて死を迎える。そのプロセスが受け入れがたかった。あれから3年が経ち、やっと少し楽になった。それは、「歳なんだもの、仕方がないさ」と諦められたからだと思う。

どんなに争っても、老いることを食い止めることはできない。1日は24時間で、1年は365日で、時間は今までも、これからも同じようにさらさらと流れる。それに刃向かおうとするから打ちのめされるし、疲れるし、悲しくなる。誰にでも平等に訪れる当たり前のこと、と受け止めることができるようになるまで、ずいぶんと時間がかかってしまった。

今でも、気をつけないとすぐに時間と戦ってしまう。いやいや、そうじゃないでしょ！と自分にツッコミを入れながら、89歳、90歳、91歳と足し算される親の年齢を受け止めていく。

それは、私自身が歳をとることの練習であり、両親は老いる見本となって、その姿を見せてくれているような気もする。

どうして神様は人間に「老いる」というプロセスをプログラミングしたのだろう？　と考えることがある。赤ちゃんが成長し、できることがどんどん増え、やがて学び、経験を増やし、幅を広げていく。でも、あるピークを境に、今度は降りなくてはならない。病気になったり、体力がなくなったり、できることが少なくなったり、認知症になったりする。そんなつらいことをどうして人間は体験しなくてはいけないんだろうと……。

でも、これだけ七転八倒した中でしか、考えられないことが確かにあったなあと思う。「老いても」の「ても」の中には、私がまだ気づいていない、計り知れない意味があると信じたい。親と子は、親の人生の最終コーナーで手を取り合って、その意味を一緒に探すのかもしれない。

マイナスのアップデート

実家に帰ると毎回、母が「やってほしいことがあるんよ」と言う。先日は、お風呂の天井付近の掃除を仰せつかった。実家はマンションで、バスルームには窓がないので、壁と天井の境目にカビが生えやすい。母では手が届かないし、台の上に乗ると滑って危ないので、私に「カビキラー」をスプレーしてほしいと言うのだ。

歳をとり、いちばんつらくなるのがお風呂掃除なのだという。かつては、母が最後にお風呂に入り、出がけに「バスマジックリン」をスポンジにつけて、隅々まで洗っていた。でも、体が不自由になり、かがんでバスタブを洗うのがつらくなった。そこで、「バスマジックリン 泡立ちスプレー」に切り替えた。お風呂のお湯を抜いたら、シュシュッと泡を噴きかけて、しばらくそのままにしたら、シャワーで流すだけでOKというものだ。週に1度はヘルパーさんにちゃんとスポンジで洗ってもらう。

それでも、天井まではなかなか手が回らない。ちょっと黒ずんできたなと感じたら、私が帰るのを待ち構えて頼む、というわけだ。とは言っても、そこにカビが生えているなんてまったく気づかない。言われて「え、どこどこ？」と目を凝らして「ああ、あそこか〜」とわかる程度なのだ。カビキラーを噴き付けてシャワーで流すと「ああ、きれいになったわあ〜」と喜ぶ。大雑把の私と几帳面な母とでは、汚れに対するセンサーの感度がまったく違うようだ。

仕事が忙しくて、数か月実家に帰ることができず、久しぶりに立ち寄ったら、母がニカッと笑って秘密兵器を見せてくれた。風呂洗い用の柄付きスポンジだ。実家の洗面所は、作り付けの洗面台の壁一面が鏡になっている。そこを、手垢ひとつついていないよう掃除をするのが、母の日課だった。けれど、肩が上がらなくなって、ファイバークロスでの拭き掃除ができなくなった。「このモップなら上まで届くんよ。すごいでしょ！」と自慢げだ。

わが母は、こうして「できること」を見つける名人だ。できなくなることが増える今、それでもきれいを保つためには、どうしたらいいだろう？　とあれこれやってみる。もちろん失敗することもある。件のカビ問題では「ヘルパーさんにいいもの教えてもらったよ。ノリコも買った方がいいよ」と電話をかけてきた。１００円ショップで、カビを落とすウエットシートが売っているのだとか。ところが……。数日後にまた電話があった。「ねえねえ、あれ買った？あのシート。あれね、やってみたんだけど全然ダメ。落ちないわ〜。まだ買ってないなら、買わない方がいいよ」と教えてくれた。その後、いつも床掃除に使っている「クイックルワイパー」でカビが落ちることを発見したそうだ。

母は、父と連れ立って毎週金曜日の午前中にバスに乗ってスーパーへ買い出しに行く。重たい荷物は配送の手配をし、野菜やお刺身などは、「ゴロゴロ」と呼ぶショッピングカートに入れて父が引いて持って帰る。ふたりとも歩くのはゆっくりで、危なげで、私だったらシャ〜ッと30分ほどで行って帰ってくるところを、２時間近くをかけて行き来する。そんな中で、１００円ショップに立ち寄ったり、スーパーの２階で、お風呂掃除用のグッズを物色するのか……と思うと、頭が下がる。

実家に帰るとまずは手を洗う。洗面ボウルや水洗金具はいつもピカピカだ。ここの掃除も、以前はスポンジで洗い、雑巾で拭き上げていたけれど、今はラクチン掃除を編み出した。まずは「バスマジックリン 泡立ちスプレー」を全体に噴きかける。その後洗面所の引き出しをサッと開け、ティッシュをシュッと取り出し、洗面ボウルの内側をぐるぐると回し、水洗金具をチャチャッと撫でて泡を拭き取る。「雑巾じゃなくても、これで十分きれい！ ティッシュなら雑巾みたいに洗わずそのまま捨てられるからね〜」。これを毎日必ずやる。簡易的な掃除でも、毎日やれば「ピカピカ」をキープできる。

そんな母の姿は私に、「マイナスのアップデート」もありなんだ、ということを教えてくれた。もっといい方法を、もっとスキルを上げて、もっと上手に……。家事でも仕事でも、私たちは常に、昨日の自分を超えた明日の自分を探しがちだ。でも、歳をとるということは、昨日できていたことが、今日はできなくなる、ということだ。

昨日より完璧でない。昨日より劣っている。そのことを受け入れるのはなかなか難しい。母も一時期、痛みが続き、あんなにきれい好きだったのに、部屋の隅にホコリが溜まり始めたことがあった。ペインクリニックに通うようになって、なんとか自分の体と付き合うことができるようになったとき、たぶん、いろんなことを諦められたのだと思う。そうして、「できなくなった」ことの中から「できること」を拾い上げられるようになった。

自分にとっての100点を諦めることはある意味残酷だ。「手が自由に動けば私だって完璧にできるのに」と、過去の幻想にとらわれると、いつまでも新しいやり方へ移行できない。「ティッシュだっていいさ」。そんな軽やかさを母に学びたいと思う。


最近、父は食が細くなり、母がせっかくご飯を作っても残すことが多くなった。もともと超偏食で、食べないものが多い。鶏肉は食べない。豆腐もきらい。ニンニクや香辛料はダメ……。以前、1か月間、母に代わって父のご飯作りを担当したとき、こんなにも大変なのかと改めて実感した。せっかく作ったのに、「これ、あんまり好きやないんや」とお皿の半分以上を残されるとがっかりする。なのに、大好きな海鮮丼だとペロリと平らげたりしてむかつく。

最近のふたりの食卓は、「ご飯のお供」が多くなった。ハンバーグだったり、魚のフライだったりと、メインになるおかずがなく、きんぴらだったり、焼きしゃけが一切れだったり、お酒を飲めないくせに父が大好きな塩辛だったり。母にしてみれば、料理の腕を活かせないものばかり……。それでも「これなら食べてくれるから」と、小さなおかずをお弁当用のアルミカップにのせてお皿の上にいくつも用意する。

今の両親にとっては、ご馳走であることより、父が食べてくれるものが100点満点なのだ。自分が食べたいもの、作りたい料理を離れ、父仕様の決してご馳走とは言えない晩御飯にシフトする。そのスイッチをすぐに切り替えられるところが母のすごさだなあと思う。

そんな食卓を眺めながら「完璧」とはなんだろう？　と考える。もしかしたら、今まで私が100点だと信じてきたものは、相対的な点数ではなく、単なる自己満足の数字だったのかもしれない。自分のコップを満たす量を自分で決め込み、100点分の水を満タンにしないと気が済まなかっただけなのかも。掃除はティッシュでいいし、一緒に食べる相手がおいしいと食べてくれればいい。100点という採点基準を、改めて老いた母から教わっている気がする。

父と母の誕生日に寄せて

数年前から両親の誕生日や、父の日、母の日には、ファックスを送ることにしている。絵が極端に苦手な私だが、この日ばかりは、Ａ４のコピー用紙に太字のペンで母や父の顔を大きく描き、「Happy Birthday」だったり「Happy 父の日」と書いて、「毎日ご機嫌に過ごせますように～」などと、一言メッセージをプラスして、ピピピ～と送っておしまい！　たったこれだけだが、下手な絵が面白いのか、想像していた以上に楽しみにしてくれているよう。

きっかけは、母が「もうプレゼントのやりとりは卒業しよう」と言い出したことだった。かつては、記念日にプレゼントを贈り合っていたが、高齢になって、わざわざ探しに出かけるのが億劫になったよう。年金生活になったふたりにとっては、金銭的にも負担になる。「もらったら、返さないといけないから、もうプレゼントはいらない」と宣言されてしまった。

ちょっと寂しい気もしたが、確かに「何がいいかな？」「去年はアレだったから今年は……」

と考え、どこに売っているかを調べて、そこまで買い物に出かけて行くのは、手間と時間がかかる。何より年老いた両親にとっては、体力的にも難しい。「よし！　わかりました！」と承諾し、代わりに思いついたのがファックスだったというわけだ。

今の夫と一緒に暮らし始めた頃、誕生日について大喧嘩したことがあった。夫は「ひとつ歳をとるなんて、ひとつもめでたくない」「この歳になって、誕生日祝いなんて必要ないよね」という意見。私は彼の誕生日に、プレゼントを買って、ご馳走を準備して……とあれこれ心を尽くしたのに、私の誕生日には、なにもしてくれなかったのだった。

「あのさ、誕生日って、この世に生まれてきてくれてありがとう、とお祝いする日なんだよ。プレゼントが欲しいわけじゃない。あなたが生まれてきてくれたことに感謝しますって、花一輪くれたら、それでいいのに」と、涙ながらに抗議したことを覚えている。

こんなふうに誕生日への思いを抱くようになったのは、両親に誕生日をしっかり祝ってもらったからなんだなあと思う。幼い頃は、母がバタークリームのバラの花をのせたホールケーキを作ってくれた。少し大きくなると、近所のお菓子屋さんで買ってきたショートケーキにろうそくを立てて「ハッピーバースデートゥユー」と家族全員で歌って、ろうそくを吹き消す儀式を、毎年続けてきた。

祝ってもらったからこそ、私と妹は、父や母、そして一緒に暮らしていた祖母の誕生日になると、ふたりでお小遣いを合わせて、小さなプレゼントを買ったり、バラの花束を用意したり、お菓子を買ってきたりして、夕飯が終わると「じゃじゃじゃじゃじゃ～ん！」と贈呈式を楽しんだものだ。そんな思い出は、宝物のように大切だったんだ、と大人になってから思い知った。

ただ、そんな記念日に父の姿があることは稀だった。単身赴任が多く、仕事が忙しくて帰りが遅かった父は、家族の記念日に立ち会うことがほとんどなかった。そして、子供たちが出て行った後、父と母は互いの誕生日を祝うことはないのだと言う。昭和のモーレツサラリーマンだった父は、そんなロマンチックなイベントを考える余裕もなかったのかもしれない。そしてそれがふたりの中で当たり前となり、老夫婦の誕生日は普段と同じように淡々と過ぎていく。

だからこそ、娘である私がお祝いをする、ということがより大切になるんじゃなかろうか？

と思っている。今年の母の日に私はちょうど出張中だった。札幌から自宅へ戻ったのが夜の9時頃。帰って慌てて似顔絵を描き、ファックスで送ると……。送ったとたんに電話がかかってきて、「今年は出張だから、送ってこんね～って話してたのよ」と母。私がファックスを送ることで、父と母の間に「記念日」の意識が芽生えているのかな、とちょっと嬉しくなった。

父と過ごした時間が短かったからか、私は父に甘えるということがずっと苦手だった。幼い頃も、無邪気に「あれ、買って～」とおねだりすることさえ気が引けた。いまだに、本当に言いたいことは母に相談し、父との間には見えない一線があるように思う。

10年ほど前、父が免許を返納したのを機に、「私が運転できたほうがいいよな」と免許をとりにいった。高校生にまじって、四苦八苦しながらやっと取得した後、お正月に実家に帰った際、カーシェアで車を借りて、お墓参りに行くことが恒例となった。免許取り立てで、まだまだ運転がおぼつかない頃から、父が助手席に座り、母が後部座席に座り、出発する。

普段は、小うるさい父が、助手席に座ると、意外や物静かだということに驚いた。もちろん

「ここは、右車線に寄って」など、あれこれ指図はする。でも、「なんだ、その運転は！」とか「危ない！」など、否定的な言葉は一切発しない。これが夫となると、「そんなことじゃ危ないよ」とか「そんなブレーキの踏み方、信じられん」など、ダメ出しの嵐……。「そんなこと言ったって、慣れてないんだから仕方がないじゃん！」といつも大喧嘩になる。

対して父は、「今、言ってもパニックになるだけ」とか「ここで言うと混乱するだろう」と、私の状況を把握し、あえて何も口に出さない模様。そんな助手席でのひとまわり大きな目を感じたとき、「ああ、そうか。父は私にとっていつもこんな存在だったのかな……」と考えるようになった。直接「これが欲しい」とか「これをやって」と望みを伝えるわけではない。娘のためにと、プレゼントを手渡してくれたこともない。でも、じゃじゃ馬のような娘が、勝手に家を飛び出して、親の敷いたレールを飛び越え、稼げるかどうかわからないのに好きな仕事をして。そんな様子を、ちょっと離れた場所から見守ってくれていたのかも。

あえて行動を起こさない、という愛情のかけ方もある……。親とは、そうやって一歩離れて子供の一生に伴走する存在なのかもしれない。

最近、私が本を出すたびに、父は地元の駅ビルにある本屋さんにパトロールに出掛ける。「ノリコの本が平積みになっとった」と、「平積み」という専門用語も覚え、何冊かの本が並んでいたら、勝手に私の本を手前に出して並べ替えたりしているよう。こんなふうに心をかけ、心配したり喜んだりしてくれる存在がいて、本当にありがたいなあと思う。

親と子でも、大人になるとそれぞれの暮らしがある。遠く離れて暮らしていると、すべてを知っているわけではないし、いつも連絡を取り合うわけでもない……。それでも、必ずどこかでつながっている。そのことを確認したくて、これからも私はヘタッピな似顔絵のお祝いファックスを送り続けるだろうと思う。

家事は「点」でなく「線」で考える

思春期の頃、夕飯後にキッチンで片付けをする母の横に立って、よくたわいもない話をした。なんの手伝いもせず、勝手なことをしゃべっているだけの娘の話に、母はよく耳を傾けてくれたものだと思う。私たちは、語り合うことが好きだった。胸の中にあるもやもやを言語化し、相手に投げ、それに対してまた意見を言う。幼い頃から「お父さんにそっくりね」と言われ、顔や体形は父親似だと言われ続けてきたが、理屈っぽさや、悲観主義なところなど、内面は母に似ているなあと思う。

当時、何気なく見つめていた母の夕飯後の片付けには、決まった手順があった。ゴム手袋をし、まずは洗剤をスポンジにつけて、すべての食器を洗う。その後水で泡を洗い流しながら、洗い終わった器を洗い桶の中に積み重ねていく。最後に、お湯でもう一度洗い流し、水切りカゴの上にあげる。つまり、汚れを落とした後、水とお湯で「二度洗い」するということ。「洗剤が残っていたらいけないから」というのがその理由だ。
次にシンクやガス台の掃除に取り掛かる。まずは五徳を洗って、その後ガス台の上、調理台の上、そしてシンクの内側を洗剤をつけたスポンジで洗っていく。汚れが落ちたら、洗い桶の中に蛇口から少しずつお湯を流しながら、台ふきんを浸してギュッと絞り、あちこちの泡を拭き取る。そして、洗って絞って、また拭いて……を繰り返す。最後に使ったふきんやキッチンクロスに石鹸をつけてゴシゴシ洗い、何度もお湯をかえて洗い流し、パンパンと広げて干して終了！

結婚と当時に実家を出て、初めて自分だけで家事に取り組んだ私は、すべてを母のやっていた通りに真似することから始めた。そのとき、夕飯後のあのルーティンが、こんなにも面倒だったのかと驚いたのだ。えっ？　二度洗いなんて、めちゃ時間かかるし……。えっ？　シンクもガス台も毎日洗剤を泡立てて洗うなんて面倒くさすぎ……といった具合だ。しばらくはなんとか頑張って続けたけれど、すぐに「もう無理！」となって、チャチャチャッと洗って、チャチャチャッと流すという手抜き片付けへと変更した。

一緒に暮らしている頃は、母親の家事というものは、ただ日常に流れている当たり前の風景だった。でも、自分で自分の暮らしの管理をしなくてはいけなくなったとき、母親がいったい何をやっていたのか、そのひとつひとつを再確認するようになった。どうして、実家の洗面所の床には、髪の毛1本落ちていなかったのか？　どうしてトースターがパンくずだらけにならず、いつでもピカピカだったのか？　どうして、毎日ベッドカバーがピシッと整えられていたのか？　実家に帰るたびに、時間を巻き戻すように、今ある状態のもっと前に何が行われていたのかを観察するようになったのだ。

わが母は、短大時代に父と婚約し、卒業と同時に結婚した。つまり就職経験がない。好きなことを見つける暇もなく、社会とつながる機会もなく、家庭に入るなんてつまらない！　と思いがちだが、おとなしい性格で、「自分に自信がなかったんだよね」と語る母は、父親に勧められた結婚を、なんの疑問もなく受け入れたのだという。しかもいきなりの義母との同居。

そんな中で、自分が「ここ」にいる意味のようなものを生み出していった。それが母にとっての「家事」だったのではないか、と私は思っている。毎日掃除、洗濯、料理を繰り返しながら、それがうまく回るシステムを試行錯誤する。寝る前にキッチンがすっきりきれいに整っているには、何と何をすればいい？　そうやって、考え、やってみて、「よし」とＯＫを出す。その小さな満足感こそが、母の喜びだったのかもしれないなあと想像してみる。

当たり前に食卓におかずが並ぶことが、実は当たり前ではない、と気づく年頃になって初めて私は母が一田家で過ごしてきた時間に触れた気がする。どんなに頑張っても、誰も褒めてくれない。だれも評価をしてくれない。その中で、母の唯一のやりがいは、自分で家事のしくみを作ることだった。

たとえば朝食の後、食卓の上を片付ける際には、シュガーポットとバターケースだけを残しておく。「アレッシィ」のシュガーポットや、「できるだけシンプルなものを探した」というバターケースは、どちらもガラス製で、シルバーのフタがついている。格好はいいのだが、気をつけていないと、すぐにそのフタが指紋だらけになる。私なら、とてもでないがきれいに保つことはできないだろう。そんなフタを母は、朝食の片付けのいちばん最後に必ずティッシュでチャチャッと拭いておくのだ。「毎日拭けば、きれいなままよ」と涼しい顔で語る。

もし、シュガーポットのグラニュー糖が減っていたなら、残っている砂糖をティッシュの上にすべて出し、新しいものを足してから戻す。すぐに上からじゃ～っと継ぎ足す私とは大違いだ。これは、キッチンで使っている塩や砂糖、小麦粉なども同じだ。こうすることで、古い塩や砂糖がキャニスターの下にこびりつくことがない。「きれい」を保つには、汚れてから洗ったり磨いたりするのではなく、「汚れないしくみ」を作ることが大事、なのだそうだ。

「そんな面倒なこと、いちいちできないよ～」と言うと、「ノリコは、働いているんだから、ここまでしなくていいのよ。私にはたっぷり時間があるから」となぐさめてくれた。

母の真似はとてもできない。でも、母が教えてくれたのは、丁寧な暮らしのノウハウではなく、家事を「点」でなく「線」で見る、という視点だった気がする。「こんな暮らしがしたい」と思ったら、どうしたらそれが実現するのか、そこへ至るまでに必要なひとつひとつの作業まで分解してみる。分解した最小単位を、私は毎日繰り返すことができるだろうか？　と点検する。無理をしたり、頑張らないと続けられないなら、その方法は残念ながら「違う」と手放す。そうやって「できること」を再度つなげて、「線」が描けたとき、やっとその家事が自分のものとなる。それを考えることが、暮らしの楽しさなのだ。

私が暮らし周りの記事やエッセイを綴るようになったのは、この「線」を描く面白さを母の姿の裏側に見ていたからだと思う。毎日は同じことの繰り返しだ。その中で、こんな自分でも続けられる方法を見つけ出す。そして、昨日より今日がちょっとでもよくなることに小さな喜びを見出す……。丁寧さも、かける手間や時間もまったく違うけれど、母と私はきっと同じ喜びを味わっているはず。暮らし方はみんな違う。でもそこに共通する普遍の喜びがあることを私は書いていきたいのかもしれない。だとすれば、「書く」という私の仕事を授けてくれたのは、やっぱり母なのだ。

一田家のティータイム

実家に帰るときに、必ず何か甘いものを買って行く。その時々でブームがあるのだが、最近は、吉祥寺のフランス菓子の店「リベルテ・パティスリー・ブーランジェリー」の「ケークシトロン」が定番として落ち着いている。ある程度日持ちがする、オレンジやレモンなど柑橘系のパウンドケーキ、という両親のリクエストを満たすものだ。

それまで、母のお気に入りのお菓子は、芦屋の「アンテノール」というケーキ屋さんのオレンジタルトだった。「フワフワより、硬いタルト生地や、しっかりと焼き締めたパウンドケーキがおいしいよね」という意見に私も同感だ。私が実家に帰る日が決まると、母は決まってこのケーキを買って待っていてくれた。ただ、レモンの酸味がさわやかな、あの「ケークシトロン」を食べた日から、「あれ、めちゃくちゃおいしいよね〜」と、すっかり当てにされるようになったのだ。

さらに、新大阪駅に着いたら、赤福餅を一箱買う。たまたま東京でお菓子を買う時間がなくて、手ぶらで帰ったときに、新大阪でコレを買って帰ったら、父が大層喜んだ。ケーキより、こちらの方が好物らしい。以来、東京からはケーキを、新大阪で赤福をと、お土産をふたつ持って帰るようになってしまった。もっとも柔らかい餅は、高齢者が喉に詰まらせる危険がある。毎回父が食べる前に「ゆっくりね」「よく噛んでよ」とハラハラしながら言い聞かせている。

父も母もお酒を1滴も飲まない。父は、会社のパーティや会合で、会場にアルコール臭が充満しているだけで倒れて、救急車で2度ほど運ばれた。母は、奈良漬を食べただけで「ドキドキするわ」と胸を押さえ、病院での注射の際も、アルコール消毒をされると腕が腫れ上がる。手術のときには、アルコールではない消毒液を使ってもらった。

祖母は多少お酒をたしなみ、私が幼い頃、お客様がいらっしゃると、一緒に熱燗を飲んでいた。妹はそれを受け継ぎ、多少お酒を飲むが、私は両親と同じようにアルコールにめっぽう弱い。父に倣い、ちょっとしか飲んでいないのに、3度ほど外でぶっ倒れた経験がある。

お酒を飲まない家庭だからこそ、毎日の夕飯はあっという間に終わってしまう。母が手間暇かけて作ったカニクリームコロッケも、ゆりね饅頭や春巻きも、30分ほどで食べ終わる。その代わり、食後には必ずデザートタイムがあった。何か甘いものを用意して、お茶を淹れる。それが、昔も今も家族みんなの楽しみだ。

私が大学生の頃、百貨店の「フォートナム・アンド・メイソン」の紅茶売り場でアルバイトをした。そのとき、初めてリーフティで紅茶を淹れることを知った。コーヒーを、豆を挽いて淹れたのは、上京してからだった。実家に「トワイニング」の黒缶や、コーヒー豆を買って帰り、得意げに両親の前で、その淹れ方を披露したものだ。母もしばらくは、リーフティやコーヒー豆を常備するようになったが、今では「リプトン」のティーバッグや、「小川珈琲」のドリップコーヒーを利用している。私も一緒に飲みながら「これで十分だよねえ」と笑い合う。

父と母の年金暮らしでは、毎日高価なお菓子を常備するわけにはいかない。母はコープで月餅や羊羹、クッキーなどを買っておく。実家の食卓の上には、陶器のフタものがお菓子入れとしていつも置いてある。帰るたびに、そのフタをそっと開けると、中に入っているのがリーズナブルなお菓子ばかりであることに、時々切なくなる。だからこそ、せめてお土産に、ちょっと奮発しておいしいお菓子を買って帰りたいと思うのだ。

夫と暮らし始めたとき、夕飯を食べた後に、私がケーキやお饅頭を出してくると、「まだ食べるの？」と驚かれた。「もう満腹で入らないよ」と断られてしょんぼり……。きっと私は、実家でのお茶時間が当たり前になって、知らず知らずのうちに、デザートを食べるお腹の余裕を残しておく癖がついていたのだ。夕飯を食べ終わったら、お茶を淹れて甘いものをちょっとつまむ。そんな流れが体に染み付いていた。

もっとも今では、私のデザートタイムに付き合わされることにすっかり慣れた夫は、デザートに何も用意していないと「なんか、甘いものないの？」と催促するようになった。

実家で暮らしていた頃、お茶を淹れていったい何をしゃべっていたのかまったく覚えていない。おそらく、小うるさい親が鬱陶しくて、ただおいしいお菓子を食べるだけが楽しみだったのだろう。

それでも、甘いものの記憶ははっきり残っている。小学生の頃は、母が作ってくれる「ハウス食品」の「シャービック」やプリンやゼリーが大好きだった。しばらくしたら、母がオーブンを買い、レーズン入りのパウンドケーキやクグロフ型でマーブルケーキを焼いてくれるようになった。私も一緒になって、バターと砂糖の入ったボウルを混ぜたものだ。大学生やＯＬの頃は、話題のお菓子を買ってくるようになった。芦屋駅前にあった「ハイジ」という洋菓子屋さんのチョコレートケーキ、今もまだある夙川駅前の「菓一條」という和菓子屋さんの栗きんとんなどなど……。何を語り合ったのかをまったく覚えていなくても、家族で食べたお菓子の記憶は宝物だなあと思う。

そして今。実家で老いた父、母と向き合うティータイムは、タイムマシーンに一緒に乗って、時空を旅する時間になった。ケーキやお饅頭を頬張りながら、父が会社員時代の武勇伝や、母が嫁いだばかりの頃の様子、私が幼稚園のお遊戯会で舞台の上で挨拶をした話などなど……。すると、初めて聞く物語が、ざくざくと掘り起こされるのだ。子供の目線では見えなかった世界を、30年40年経ってから大人の目線で聞く。親と子という立場を超えて、共感したり、感心したり、驚いたり。その物語はなかなかスリリングだ。親子であっても、ちゃんと向き合って昔話をする機会はそうそうない。

かといって、「はい、スタート！」と掛け声をかけて、話ができるわけでもない。だからこそ、ちょっといいお菓子をせっせと持ち帰り、今でないと聞くことができない話に耳を澄ませたいと思うのだ。

父の免許返納と私の運転

父が免許を取ったのは、60歳になった頃だ。私が子供時代、一田家には車がなかった。友達たちが、当たり前に車で遊びに出掛けている中、我が家には「ドライブ」という用語は存在しなかったのだ。父はずっと車に乗りたかったのだと思う。娘たちが独立したのち、満を持して免許を取った。当時、千葉県に単身赴任中で、会社の取引先でもあった教習所でＶＩＰ待遇で運転を習い卒業したのだという。「仕事が終わって教習所に行ったら、いつも同じ教官が待っていてくれたんや」と得意げに語る。赴任先から実家に戻る新幹線の中で学科の教科書を丸暗記し、試験を受けて合格。その日に、新車が納品されるように手配をしておき、免許取り立てにもかかわらず、翌日には兵庫県から千葉県まで車に乗って帰ったというから驚きだ。もっとも母を助手席に乗せ、途中浜松あたりで1泊したそうだが……。

免許を取ってから、父と母はふたりであちこちに「ドライブ」に出掛けるようになった。九州や四国一周、長野へ、そしてときには東京、日光、那須高原へ。私も実家に帰ったときに、「ちょっと徳島まで行ってみようか？」など1泊旅行に誘われたものだ。仕事で実家を宿代わりに使うときには、どんなに遅くなっても最寄駅まで車で迎えに来てくれたし、朝早く、取材先まで送ってもらったこともある。

そんな父が免許を返納したのが80歳を過ぎた頃だ。本人は私たち家族に決して詳細を語ろうとしないが、どうやら事故を起こしたらしい。傷ついた車を修理することはせず廃車にした。負けず嫌いの父は「駐車場代もかからなくなったし、保険代や税金の分で買い物に行けるから、ちょうどよかったわ」と語る。

親に免許の返納を促すのは、なかなか難しいと聞くが、父の場合「え？ 返納したん？」とこちらが驚くほど、あっけなく手放したのだ。自分が事故を起こすなんて思ってもいなかったから、ハッと気づいたときに車がぶつかっている状況に、「ああ、もう無理だ」と思ったのかなあと想像している。でも、60歳から80歳までと、父の車ライフは短かったけれど、ギュッと凝縮して楽しかったんじゃなかろうかと思う。

実家に車がなかった私は、大学の同級生たちがみんな教習所に通うのを横目に、免許を取ろうとは思わなかった。男の子の助手席に乗せてもらう方がいい、と本気で考えていた気がする。ただ、上京しフリーライターとして仕事を始めると、「ああ、免許があったらなあ」と感じることが増えた。地方に取材に行った際、車があれば、不便な場所にぽつんとある、素敵な雑貨店やカフェに寄り道して帰ることができる。東京近郊でも、電車だとぐるりと遠回りしなくてはいけない場所も、車だとすぐに行くことができる。それでも、フリーランスは時間が不規則だから教習所に通うなんて無理！　と諦めていた。

そんな私が、父が免許を返納したと聞いて「今、取りに行かなくちゃ！」と思い立った。当時両親はまだまだ元気で、電車やバスでどこまでも出掛けていたし、早急に車での送迎が必要というわけでもなかった。でも、この先きっと必要になってくるはず、と不思議な確信があったのだ。仕事帰りに教習所へ申し込みに行った。教習所から「オートマ専用と、マニュアルとどっちがいいと思う?」と夫に電話をしたら「え〜? 免許取るの?」と驚かれた。年末年始で集中的に通って取ってしまおう、という魂胆だったが、そんなにうまくいくわけはなく、高校生たちにまじっての教習所通いは、想像以上につらかった。

当時、夫が乗っていたのがマニュアル車だったので、無謀にもマニュアルの免許を取ることになった。路上に出て坂道に差し掛かるとドキドキする。夜寝ているときにも、運転している夢を見てうなされた。四苦八苦して、やっと免許証を手にしたときには、嬉しくて、写真を撮って両親にメールをした。

免許を取ってからは、両親を連れて北海道や九州へ旅行に出かけた際にも、レンタカーであちこちの観光名所を巡った。実家に帰ったついでに、カーシェアで車を借り、淡路島まで海鮮丼を食べに行ったこともある。今は、遊びに出かけることは少なくなったが、お正月とお盆に、車で母方、父方のお墓参りに行くのが恒例行事になった。そのたびに「ああ、免許を取ってよかったなあ」とつくづく思う。

「仕事で帰る」と電話をすると、母が「あのね、ついでにちょっと車で連れて行ってほしいところがあるんよ」と言う。「うんうん、もちろんいいよ」と答えられるのが嬉しい。

出かける時には駅前の駐車場まで、カーシェアの車を取りに行く。駐車場内で、行き先のカーナビのセットをすませ、「これから出ます」とＬＩＮＥをして、実家へ向かう。マンションの下まで両親が出てくるので、ふたりを乗せて出発。そんな段取りにもすっかり慣れた。

本当は、近くに住んでいれば、両親が1～2か月に一度大学病院に定期検診に通うときにも、車で連れて行ってあげられるのになあと思う。「いやいや、駅から直結した病院だから大丈夫よ」とか「専用のバスがあるからラクチン」とふたりは語る。そんな話を聞くと、心配性の私はすぐ手を貸したくなるけれど、ふたりでなんとか病院に通うというプロセスも、元気の素になっているから逆によかったのかも……とも思える。

幼い頃「私」という存在は弱く、「親」はなんでもできる存在だった。それがいつの間にか、父ではなく私がハンドルを握るようになった。父を助手席に、母を後部座席に乗せて運転をしている自分の姿に、毎回なんとも言えない不思議な気持ちになる。

けれど……。「今日は、乗せて行ってあげるわ」とちょっとエラそうに言ってみても、父と母が老いてできないことが増えたとしても、私は娘で、父は父、母は母なのだ。私が支える状態になったとしても、私は父や母を超えることはできない。人はいま目の前にある「できること」だけで測ることはできないんだよなあと思う。

現実の生活で老いた両親を支えることはできる。体の具合が悪くて弱気になった母を「大丈夫！」と励ますことはできる。でも、心の一番奥底では、私にとって親はずっと「支えてくれる」存在なのだ。守られていたい。愛されたい。という子の想いは、永遠なんじゃないかと思う。何かを与える力がなくなったとしても、両親が私をいちばん大切な存在として想い続けてくれるだけで、父はいつまでも父、母はいつまでも母なのだ。

親に甘えられない問題

私には母に抱っこしてもらった、という記憶があまりない。もちろん赤ちゃんの頃には、抱っこして母乳で育ててもらったはずである。1～2歳頃の、頬がパンパンに張ってまんまる顔の私が、母に抱かれた写真もある。でも、その頃のことは覚えていない。幼稚園生や小学生など、記憶が残る年齢になってから、母に抱きついたり、抱きしめてもらった覚えがないのだ。

我が家は、私が生まれたときから父方の祖母と同居だった。私はおばあちゃん子で、祖母にはベタベタと触れながら育ててもらったなあと思う。私は母からは得られないスキンシップを祖母によって埋めていたのかもしれない。

母は短大を卒業し、20歳で父と結婚。21歳で私を産んだ。若かったから、「どう育てていいか、わからなかったのかもねえ」とぽろりと語ったことがある。私は、母と一緒に遊んだという記憶もあまりない。おままごとも、リカちゃん人形も、いつもひとりか友達と。母親と一緒に人形の家を作ったり、「あら、お父さんおかえりなさい」とごっこ遊びをしたことはなかった気がする。子供と同じ目線に立つことが苦手で、母はいつも大人のままだった。幼い頃は、それがちょっと寂しかったような気がする。

ただし、思春期になってからは、私を一人前の大人として扱い、ひとりの人間として話をしてくれたように思う。だから、学校であったことも、将来の悩みも、不安や夢も、ちょっと理屈っぽい母と語り合うことが楽しかった。夕飯後、キッチンで洗い物をしている母の隣に立って、あれこれと話をした。会話のキャッチボールをしながら、私は自分の思考を整理し、言語化できたのだと思う。上から下への母親目線ではなく、対等に立った上での相槌や、感想や、意見によって、私は自分を深めることができたなあと思う。

一方父は、母以上に子供にどう接していいかわからないようだった。父とは手をつないで歩いた記憶もないし、学校であったことを聞いてもらったこともない。いつも仕事で忙しそうで、出張に出て家にいなかった。

そんなちょっと冷めた両親に育てられたからだろうか？　私は人に甘えることが極度に苦手な人間に育った。経験値が低いから、人にどう甘えたらいいかわからない。「できないから、やって～」と言えない。「自分でできることを、人に頼んじゃダメなんじゃないか？」「できるまで、自分で頑張らないといけないんじゃないか？」と思ってしまう。もっと甘えられる人になりたい、というのは、今も私の密かな願いだ。

とはいっても、愛されていなかったわけではない。実家の押し入れの奥から、古い8ミリフィルムが出てきたことがある。映写機がないから見られなかったので、業者に出して当時、VHSのビデオテープに焼き付けてもらった（今ならCD-ROMにするところだが）。

私が2～3歳頃に父が撮ってくれたもので、手を前後ではなく、上下に振って走る私の姿が映っていた。「そうそう、ノリコはいつも、こうやって腕を振って、面白かったなあ」と映像を見ながら父が目を細めた。ビデオの中では母がその私の姿を見守ってくれている。どんどん走って行ってしまわないように追いかけ、転ばないように手を差し出す。その様子を見ているうちに、思いがけず涙がこぼれた。ああ、こんなにも私は愛情をかけてもらっていたんだと……。

フィルムを撮る父の目。走る私を見る母の目。そこには、ひとりではまだ何もできない幼子を、一生懸命見守る両親の姿があった。

思春期になってから、一田家の決まり事は大層厳しかった。大学時代の門限は10時だ。ご飯を食べてディスコに繰り出す頃がちょうど8時頃。帰りの時間を考えると、みんながのってくる9時にはお店を出なくてはいけない。

大学の卒業旅行でヨーロッパに行ったときにも、友達はみんな親がお金を出してくれていたのに、我が家では一銭ももらえなかった。私は自分でローンを組み、就職してから自分で返済したのだ。困ったときには手を差し伸べてくれる。でも「自分でできることは、自分でやりなさい」という方針は徹底していた。

頭ではわかるけれど、もう少しあふれるような愛情で接してほしかったなあ。普通にベタベタひっつきたかったなあと思う。でも、必要以上に甘やかされなかったことで、私は「自分で立つ」という力を自然に身につけた気がする。

25歳で、反対を押し切って結婚をし、家を出て東京で暮らすことになった。父は朝、何も言わず会社へ出かけて行き、母だけが、新幹線の新大阪駅へ送りに来てくれた。ずっと反対し続けたものの、さすが母親は現実的なものだ。最後の最後に黙って、ダイニングテーブルと食器棚、チェストなど最低限の家具と洗濯機やアイロンなどの家電を揃え、食器や鍋など生活道具一式の買い物に一緒についてきてくれた。

新大阪駅には、数少ない友人たちが見送りに来てくれていた。いよいよ新幹線がホームに入ってきたとき……。母が突然泣き出した。その姿に私はびっくりしてしまった。めったに泣かない母の涙を、私は祖母が亡くなったときにしか見たことがなかったのだ。その母が泣いている。そのとき、私は、ああ、なんて愛されて育ったのだろう、と思い知ったのだった。

そんな結婚が、案の定3年で失敗に終わり、元夫と暮らした家を飛び出したとき、私は実家へは帰ることができなかった。「自分の勝手な思いで結婚し、失敗したのだから、自分の力でなんとかしなくちゃ」と思ったのだ。

まずは、ウィークリーマンションを借りることにした。家を飛び出したことを両親に報告しなくてはいけない。「ほら見たことかって言われるよなあ」と、重い心で電話をした。すると、受話器の向こうで父がのんびりした声で言ったのだ「よお～、頑張れよ～」。元夫がすでに実家に連絡を入れていたから、両親はすべてを知っていた。その上で、怒ったり、騒いだりすることなく、わざと間の抜けた声で、はげましてくれたのだ。そのときも私は、受話器を持って号泣したのだった。

親の愛情というものは目に見えない。甘やかしてくれることや、有益なアドバイスをくれることや、金銭的に支えてくれることでは、その愛情を測ることなんてできない。世の中で、いちばん私のことを心配してくれる。たったそれだけなのだ。そんな存在がこの世のどこかに居てくれる……。それを知っているだけで人は安心して生きることができる。親という存在の意味を、私はこの2つの事件で思い知った。私には子供がいないから、父や母が私にしてくれたように、小さな人を心配してあげることができない。だからせめて両親が、心穏やかに人生を閉じていくことができるように、そっと見守っていければいいなと思う。

父と母の喧嘩遍歴

「明日薬局に寄ってこられます？」「もう、このシャツは一度着られたんですか？」母は父に対して敬語を使う。私が子供の頃からずっとなので、もう耳慣れてしまい、何の不思議もない。ずっと昔、まだ実家で生活していた頃に、母が理由を話してくれた。「その方が感じがいいと思うんよ」と。たったそれだけで？　と驚いたのを覚えている。昭和の家長制度の名残だとか、ジェンダーの問題とかを考えると、いいのか悪いのかはわからない。でも、私は母の父への尊敬を込めたこの口調が決して嫌いではないのだ。

父と母は約10歳の歳の差がある。父の母、つまり母から見ればお姑さんと、結婚したときから一緒に暮らしてきた。父は、父親を早く亡くし、戦後を母親（私の祖母）と一緒に乗り越えてきたからか、世の中でいちばん大事にしてきたのは、妻ではなく母だった。幼い頃から、父がいつも祖母の味方をして、母の悪口を言うのを聞いて胸を痛めてきた。「マザコン野郎め！」

と、父を嫌う理由をひとつ追加したものだ。

父は典型的な亭主関白で、専業主婦だった母は、そんな父に従ってきた。けれど……。夫を立てるフリをしながら、家庭の実権を握っていたのは、母だったのではなかろうか、と密かに思っている。実家のマンションは、私が小学生の頃に購入したものなので、今年で築50年になる。けれど、そんなに古びた感じがしないのは、計画的にリフォームを繰り返してきたからだ。それを仕切ったのは父ではなく母だ。「まだきれいだけれど、今やっておいた方がいい」と、父のお尻をたたき、リフォーム会社に相談に行き、お金を融通して決行した。

老後の備えを計画したのも母だ。保険や貯蓄を見直し、わからないところは銀行や保険会社に聞きに行ったのだと言う。バリバリと仕切るようなキャラでなく、父の一歩後ろを歩くような母が、それだけの行動力を持っていたなんて！

そんな母が、最近父に逆襲を始めた。昭和の男である父は、家事には一切かかわらず、上げ膳据え膳で生きてきた。それは定年後、家にいるようになってからも少しも変わらなかった。ただ、母の体が思うように動かなくなった頃から、母は少しずつ「我慢」を手放し始めた。「ちょっとは私の大変さをわかってくれてもいいんじゃないですか！」と、言葉を発し始めたのだ。実家に帰るたびに、何にもしなかった父が、朝食後のお皿をキッチンまで運んだり、洗濯物を干す姿を目の当たりにし、私は大層驚く。

もちろん、重たい荷物を運んだり、襖をきれいに張り替えたり、水道の蛇口を取り替えたりと、これまでも父は自分の得意分野では役に立ってきた。けれど、日常的な家事を引き受けてくれるかどうかが、一緒に暮らす者にとっては大問題なのだ。きっと父はどう動けばいいのかがわからなかったのだと思う。生活の中で、自分の仕事を発見することができなかったのだ。

手伝い方さえ理解すれば、ちゃんとその役目を果たすことができる。父は90歳近くになって、やっと家事の分担というものを理解した。そこには、父の優しさがあるんだよなあといつも思う。母の体を心配し、手伝ってやりたいと思う……。今なお気まぐれだし、終わりのない家事の大変さを、どれぐらい理解しているかはわからないけれど、朝食後にバターやジャムを冷蔵庫のポケットに戻し、お皿を流しに運ぶ。それは、母と協力してこの生活を守っていこうとする父なりの小さな一歩なのだ。

ふたりは時々言い合いをする。たとえば父がマンションの敷地内にある倉庫にしまいっぱなしの物を、「そろそろ、片付けなくちゃいかん」と言い出す。母は「また今度、ノリコが帰ってきたときにゆっくりやればいいよ」と言う。すると「おまえは、いつも後回しにして、結局ちっとも片付かん」と父が怒る。父は、自分の残り時間の少なさを知っているから、物の始末をしたいのだ。結局、互いの意見はすれ違い、結論が出ないままに終わる。

つまり、父と母の喧嘩は、互いに自分の正しさを主張し、それが交わることなく終わるのだ。母は最近忘れっぽくなって、診察券や、自宅の鍵を、バッグの中のどこへ入れたかわからなくなり、出先で「あれ？　どこだっけ？」と探す。ゆっくり待ってあげればいいものの、父はすぐに怒り出す。「またか」「ちゃんとしまっておけよ」と。

一方で、母は父が、事実を2倍にも3倍にも「盛って」話すのを、ため息をついて聞いている。「あのおっさんはなあ」と以前の管理人さんの悪口を言う。人にはそれぞれの事情があるのに……と思っても石頭になっている父は、頑なに「あいつが悪い」とこき下ろす。「もう、言い返しても無駄だから、最近は黙って聴くことにしたのよ」と言う母の我慢が偲ばれる。

それでも、私に何かを報告してくるときには、ふたりはとたんに「ワンセット」になる。「パパがこう言ってたのよ」「ママがこう言うとった」。互いに文句を言いながらも、ふたりは結局同じ時間を共有し、同じ方向を向いているのだ。まだまだお見合い結婚が主流だった時代、親の勧めでふたりは結婚した。若い頃、祖母と父と母の関係を横目で眺めながら、両親は本当に心から望んで結婚したのではないんじゃなかろうか？　と思ったことがある。

けれど、マンションの同年代の知人たちの間では、うちの両親は仲良しで知られている。父の大学病院での定期検診には母が、母がペインクリニックでブロック注射をするときには父が必ず付き添う。毎週金曜日には、バスに乗ってふたりでコープに買い出しに行く。結局夫婦というものは、横にいる人が心配で仕方がない、とか、面倒を見ずにはいられないなど、「いてもたってもいられない」関係のことを言うのではなかろうか。まるで自分のことのように相手を想う。それは「好き」とか「愛してる」という男女を測る目盛を超えた、いちばん大切な人への慈しみのような気がする。

育てられ方と、私らしさ

『暮らしのおへそ』で、内田也哉子さんにインタビューをさせていただいた。それよりずっと以前に、私は也哉子さんの新著『BLANK PAGE』を読んでため息をついていた。この本は、也哉子さんが樹木希林さん、内田裕也さんという偉大なご両親を相次いで見送ったあと、ぽっかり空いた心の空洞を埋めようと、いろんな人に話を聞きに行き、綴ったエッセイをまとめた一冊だ。谷川俊太郎さん、小泉今日子さん、坂本龍一さん。その相手はびっくりするほど錚々たるメンバー。でも、何より驚くのは、そんなビッグネームの方々の前でも、也哉子さんは也哉子さんのまま、ということだった。

私なら、大物にインタビューをすると、どうしてもその人が語ったことに流されてしまう。「なるほど〜」と感心し、自分でも意識しないまま、その人の思考の中に取り込まれ、「そっち」へなびいてしまうのだ。でも、也哉子さんは、語られたことを一旦自分の中へ取り込み、咀嚼し、自分の言葉でアウトプットする。この人は、どうしてこんなにも自分の軸を保つことができるのだろう？　どうして「ありのまま」でいられるのだろう？　自分よりずっと経験豊かな先輩たちの前で「私なんて」と縮こまってしまうことはないのだろうか？　そのことを伺ってみたくてたまらなかった。

インタビューは、樹木希林さんが暮らしていらしたというお宅で始まった。也哉子さんは、とても気さくな方で話が弾んだ。幼い頃から、希林さんは「面白い大人に会いなさい」と、いろんな場所へ連れて行ってくれたそうだ。「そういう他人と比べず独自のものさしを持つ人とたくさん接してきているから『何者でもない私なんて恥ずかしい……』と縮こまるメンタリティが少ないのかもしれません。『他人と比べるな』と言われて育ってきたし、もし比べたら恐れ多いのかもしれないけれど、そもそも比べないんですよね」

いや〜、驚いた。どんな大物の前でも「縮こまるメンタリティ」が発動しないなんて！　すぐに「私なんて」といじける自分と比べて、なんておおらかで、なんて強いんだろうとうらやましかった。そして改めて思ったのだ。人は「育てられ方」でこんなに変わるものなのだと。私は「人に認められる人になりなさい」と育てられた。評価の基準は「人の目」で、いい成績を取り、先生に褒められ、友人に一目置かれる人になろうと頑張って生きてきたように思う。そんな自分がイヤで「優等生体質」という自分の身にこびりついたものを、どうやったら削り落とすことができるのだろう？　といまだにジタバタしている。

也哉子さんは、裕也さんと一緒に暮らした記憶はなく、ずっと希林さんとふたり暮らし。希林さんは当然忙しいから、小さな頃からあっちこっちへ預けられた。9歳でニューヨークにたったひとりで1年間ホームステイし、高校はスイスへ。環境がコロコロと変わる中で育った結果「先が読めない」ということが日常だったのだという。そして、こう教えてくれたのだ。「いろんな家庭に預けられるうちに、自分のスタンダードが『いつもこれでなくてもいい』という状態になりました」

私は、大層不安がりだ。ちょっとでも状況が変わると、心配でたまらなくなる。だから知らず知らずのうちに安定を望んでしまう。今日と変わらぬ明日があって、初めて安心して眠ることができるのだ。そんな怖がりの自分がイヤで、まだ起こってもいないことをくよくよ心配する癖をなんとか変えたいと思ってきた。

あるとき、ホロスコープを見てもらったら、そんな私の「怖がり」は、「当たり前なんですよ」と言われて驚いた。牡牛座という私の星は、変化を嫌い、同じ場所にどっしりと座っているそうだ。だからこそ、その場がちょっとでも変わると落ち着かなくなるのだという。「な〜んだ、そうだったのね」とちょっと安心した。私の「心」が弱いからではなく、もともとそういう星回りなのだ。そう考えると、自分の「怖がり」を受け止められる気がする。

私と也哉子さんのベースは正反対だ。門限だの、進路だの、選ぶ洋服だのに、私の両親はうるさく口を出した。その結果、私の頭の上にはいつも「ねばならぬ」が張り付くようになった。一方也哉子さんはこう語る。「母は私を育てるときに『これをやっちゃだめ』『ああしなさい、こうしなさい』は一切言いませんでした」と。なんという違いだろう！

さらに也哉子さんは、こんなふうに教えてくれた。「いろんな人の家に預かってもらって、いろんな人のスタンダードがあって、馴染むまでは確かに過酷なんだけれど、みんな違ってそれでいいってことを知りましたね。ただ幸せにぬくぬくと育てることだけが子育てではなく、ある種の逆境が必要だって、母はどこかで思っていたみたい」

也哉子さんのお話を聞けば聞くほど、希林さんの偉大さが伝わってくる。私も希林さんみたいなお母さんに育てられたら、こんなにも小さなことにクヨクヨせずに、自分に対して胸を張り、自分らしさ全開で生きていけたのだろうか？　と想像を巡らせてみたりする。

でも……。子供は親を選んで生まれてくることはできない。さらに、私はうちの親ではなく、希林さんと裕也さんの元に生まれたかったとも思わない。私は一田家に生まれ、私になった。うちの両親の権威主義的な育て方は、いかがなものかと思うところもあるけれど、それでも愛情をかけて育てられたことに変わりはない。

「人の目」を気にする自分がイヤだけれど、だからこそ隣にいる人が何を感じているかに敏感になる。それは、他人に心を重ねる感度が高いということにはならないだろうか？　小さなことにすぐクヨクヨし、未来を心配し、それでも！　と立ち上がろうとするからこそ、そのプロセスを私は文章に綴ることができる。

育てられ方で人は変わる。親から刷り込まれたものは、子供の個性となる。それをプラスにするか、マイナスにするかは、きっと子供の使命なのだ。「あ〜あ、こんな親じゃなかったら、私はもっと○○になれたのに」とは、みんなが一度は感じることなのかもしれない。でも、それに抵抗し、ひっくり返そうともがく中で学ぶことは大きいし、そもそもひっくり返さなくても、それが実は自分の強みになっていることを知る。育ててくれてありがとう……と、いいことも悪いことも丸ごと受け取る覚悟を持てたとき、そこから「自分らしさ」を自分で育てていけるように思う。

心配しすぎ症候群

最近、母が新しい体操を始めたのだと言う。側弯症を患っているので、斜めに倒れがちな自分の体を支えるため、どうしても腰に負担がかかる。そうすると、掃除をした後、キッチンに立った後などに腰が痛くなる。そのことを定期的に診てもらっている大学病院の先生に伝えたら、筋肉をつけるため、片足ずつ立つという簡単な体操を教えてもらったそうだ。粘り強く同じことを繰り返すことが得意な母は、毎日お風呂からあがった後にこの体操を続けているのだと言う。「パンツをはくときに、どこかにつかまらないでも、片足で立つことができるようになってきたのよ」と嬉しそうに報告してくれた。

そしてこう付け加えたのだ。「パパにも勧めているんだけど、絶対にやろうとしないのよね。この頃すり足になってきて、足が上がらなくなってきてるから、運動した方がいいのに」

この一言で、私の不安スイッチが作動してしまった。もし、父が歩けなくなったらどうしよう？　車椅子になったら、実家の床は絨毯だし、その上にフロアーシートを敷けばいいのかな？　母だけでは、歩けない父の世話は難しいよな。そうなると施設に行くことになるのかな？でも絶対嫌がるだろうな……。限りなく心配事が増幅されて、「ああ、どうしよう」「困ったなあ」とぐるぐると考え続ける。物事を、悪い方へ、悪い方へと考える私の癖だ。

でも、最近やっと少しわかってきたのだ。まだ起きていないことを心配したって仕方がないと……。母が肩の手術を受けて入院中、東京と実家を行き来しながら父と暮らした。仕事で東京に戻るたびに、実家に残してきた父のことが心配でたまらなかった。「ちゃんとご飯食べたかな」「ひとりで洗濯できたかな」などなど。長女体質の私は、つい両親について心配しすぎる傾向がある。

昨年、実家に帰った際、母に「押し入れだんすの整理を手伝ってほしい」と頼まれた。引き出しが4段のそのたんすは、私が子供の頃から使っていたもので、古くなって建てつけが悪くなり、ググッと力を入れないと、引き出しを開けることができない。手の力が弱くなった母は、あえてきちんと閉めず、少し隙間を開けておいて出し入れをしていた。「もう、買い替えようかと思って。だから中身を整理して、必要なものだけを残したいのよ」と言う。

母とふたりで中身を全部出して、「いる」「いらない」と分別した。後日父と母は「ニトリ」に出かけて、軽い押し入れ用引き出しを選び、届けてもらう手配をしたのだと言う。

ところが……。問題は、古いたんすの処分だ。粗大ゴミの引き取りの手配をしたものの、当日そのたんすを、マンションの所定のゴミ捨て場まで運ばないといけない。古い年代物の木製の押し入れだんすは、大層重たくてふたりで運び出すのはとても無理じゃないかと考えた。

でも、母はさっさと日にちを決めてしまっていた。「大丈夫、引き出しを全部外してから、分けて運べば大丈夫だから」と言う。「そうかなあ?」と電話を切ってから、またぐるぐると心配ループが回り始めた。押し入れ用だから、奥行きがかなり深い。それを出して、和室から玄関まで運ぶだけでも大変だ。

実家の管轄の市役所に電話をして、「高齢なので、マンションの下ではなく、自宅まで取りにきてくれないか?」と頼んでみたが、それはできないと言う。

いてもたってもいられず、粗大ゴミの前の日に、日帰りで実家に帰ることにした。本当は1泊して、当日マンションの下まで運ぶのも手伝いたかったのだが、どうしても取材が入っていて難しかった。

そこで、帰ってから管理人さんに交渉に行った。「1日早いけれど、前日に粗大ゴミ置き場にたんすを置かせてくれませんか?」と。なのに、当時の管理人さんは「ひとりに許可をしたら、みんながそうしてしまうからダメ」と冷たく言う。ムカつきながら、仕方がない……と、玄関までたんすを運び、トンボ帰りで私は東京に戻ったのだ。

そして翌日。仕事から戻ってすぐに実家に電話をしてみた。「無事に出せた?」と聞くと「うんうん、大丈夫。ふたりで出しに行ったから」と母。ただし、玄関からいざ出そうと思ったら、玄関ドアのドアノブの分だけ、開口部が狭くなり、ギリギリたんすが出なかったのだと言う。そこで父がドライバーでドアノブをはずし、やっと外に出すことができたのだそう。

「パパが心配性だから、朝4時からそんな作業をやってたのよ」と笑う。なんと、なんと！

さぞかしふたりで大変だったことだろう……と胸が痛んだ。

そんなこんなの顚末をブログに書いたら、先輩からメールが届いた。彼女は老いた両親を遠隔で介護し見送った経験の持ち主だ。「全部を自分で引き受けようとするのは危険ですよ」とピシリとアドバイスをいただいた。

老いた両親との関係は、手を差し伸べるよりも、親は親、私は私と、一線を引くことの方がずっと難しい。所詮、親の人生を私が背負うことなんてできないのだ。

『暮らしのおへそ』で、「立ち直るおへそ」という特集を作った。誰かに心無い言葉を投げかけられたり、失敗して落ち込んだり、どうしようもない悲しみに押しつぶされそうになったり。そんなとき、みんなどうやって立ち直っているのだろう？　と聞いてみたかったのだ。すると、取材をさせていただいた方みんなが同じことを語っていた。苦しくて悲しいなら、「そこから離れる」のが一番有効だということ。ある人は、仕事で失敗して凹んだら、お笑い番組を見て1時間しっかり笑うのだと言う。ある人は、草木の世話など自分が「いちばん好きなこと、得意なことをする」と教えてくれた。自分では解決できない壁にぶちあたったとき、ガンガンと壁にぶつかってボロボロになるのが、今までの私だった。でも、どんなにぶつかっても、状況は変わらない。だったらそこからすっと離れて、自分を健やかな状態に保つ方がずっといい……。

これから、もっと父と母が老いていけば、いろいろな問題が起こるだろう。それを想像するだけで怖がりの私は、ひたすら心配し続けたくなる。でも、何より大事なのは、私自身が元気でいることなのだ。誰かが痛がっていたり、苦しんでいるとき、自分だけが明るくふるまっていると、なんだか悪いことをしている気がしてくる。けれど、横にいる誰かを支えるために、せめて「きっと大丈夫！」とにっこり笑える練習をしようと思うのだ。ワハハと笑うことで、父や母の1日を明るく照らすことができるように……。1年1年老いていく両親の隣で「怖がりノリコ」を卒業し、強くありたいと願う。

介護ヘルパーさんと両親の見栄

母が1か月間入院している最中に、退院してからの生活をどうサポートするかについて考えた。左肩に人工関節を入れたので、すぐに自由に手を動かせない。料理ぐらいはできるのかな？　掃除はどれぐらいできるのだろう？　とまったく予測がつかなかった。

私が東京と実家を行ったり来たりするのも、限界があると感じていた。だったら、公的なサポートを受けるのがいいのかもと思ったが、どうしたらいいのか皆目見当がつかない。ネットで検索すると、介護ヘルパーを依頼するという方法があることがわかってきた。

市の「高齢者あんしん窓口」（地域包括支援センター）というところに電話をしてみた。すると、まずは「介護認定」というものを受けなくてはいけないことを知った。とりあえず担当者とケアマネージャーさんが打ち合わせに来てくれると言う。電話をして、ものごとが進んでいくにつれ、自分が両親のためにこんな手配をしていることが、なんだか不思議だった。

もうひとつ越えなくてはいけない大きなハードルがあった。それが父である。「ヘルパーさんを頼んだ方がいいと思うんよ」と言うと、母は「それ、助かるわ〜」と喜んだが、父が顔を歪めた。「家に見知らぬ人をあげるのはいかん」と言う。だったら、誰が掃除をするのよ！　自分はまったく手伝わないくせに！　とイラつきながら、どうしたら説得できるのだろう？　とあれこれ考えた。

「今までとは違って、お母さんがすべての家事をこなすことができないかもしれないんだから」「週に1、2回来てもらうだけなんだから」「誰か手伝ってくれる人がいるだけで、お母さんの心の負担が軽くなるでしょう？」とあれこれ言っても通じない。「他人が家に入ってくるなんて」の一点張りなのだ。これはもう理論ではなく、感情の問題だ。言葉で説得するのは無理だと諦めた。そして、強行突破することにしたのだ。

「とりあえず手続きだけはしておこう」と父に言い聞かせ、準備を進める中で、いろんなことを学んだ。まずは、要介護認定には、「要介護」と「要支援」の2種類があるということ。申請には「介護保険証」が必要だということ。この「介護保険証」を探すのさえも一苦労だった。

健康保険証の更新の際に、一緒に送付されているはず、と言われたのだが、父や母に聞いても「知らん」とひとこと。母のいない家の中で、あちこちの引き出しを開けて探したが、見つからず、結局再発行の手続きをとった。

次に、訪問調査が行われる。これは、申請者の体の状態や日常生活、住まいの環境について聞き取りをするというものだ。実はこのとき、父だけ介護申請をすることにした。母は、退院後も半年はリハビリに通わなくてはならず、介護認定をとると、そのリハビリの金額が高くなってしまうとのことだった。

母が退院する1週間ほど前に、この訪問調査を受けることになった。父は、1時間ほど前からピシッとしたシャツに着替え、緊張した面持ちだ。「これは、介護認定をとるための面会なんだからね。元気すぎたり、なんでも『できる』って言っちゃったら、認定が下りないんだからね」と言い聞かせた。見栄っ張りで、負けず嫌いの父は、ヨボヨボの老人や、ヘナヘナの病人と見られるのを極端に嫌う。それでも、私が口を酸っぱくして注意し続けると「わかった、わかった！　あれれれ～って立てない演技してやるわ」などと減らず口をきく。

ハラハラしながら見守る中、無事聞き取りが終わり、父は「要支援2」ということになった。このときになってもまだ、父はヘルパーさんに来てもらう、ということをまったく現実としては捉えていなかったと思う。母とは「まずはトライアルで来てもらって、それでもどうしてもイヤだということになったら、そのときに考えればいいよね」と話し合った。

こうして、やっとヘルパーさんが決まったのだが、「要支援2」だと、週2回、1回は45分だけ、ということを知って愕然とした。そんなに少ないのか……と。

それでも、このとき手続きをしておいて本当によかったと思っている。母は退院後、肩は少しずつ回復したのだけれど、それと並行して側弯症が少しずつ進行していった。今はペインクリニックでブロック注射をしてもらい、痛みが取れたが、動きすぎると腰が痛くなり、1日に数回横になる。腰を屈めることがいちばん苦痛なので、今は、週2回のヘルパーさんの訪問で、お風呂掃除とトイレ掃除を頼み、残った時間で掃除機をかけてもらっている。

サービスが始まってからも、いろんなことが起こった。両親は、それぞれ持病があって病院通いでなかなか忙しい。ヘルパーさんに来てもらう日と通院の予定が重なってしまうこともある。そんなとき、電話をして日時を変更したのに、なぜか意思の疎通がうまくいかないことがあった。母は「ちゃんと伝えたのに、こっちが年寄りと思って、伝えてないって言い張るんよ」と文句を言い、慌てたケアマネージャーさんから私に電話がかかってきたこともある。
「要支援の申請者が支援の現場に不在であることはNG」ということも知らなかった。父だけが病院の定期検診に行き、母が留守番をしているところにヘルパーさんに来てもらったら、要支援の父がいないことで注意を受け、「そんなこと一言も言われなかったじゃないか」と揉めたこともある。ヘルパーさんにもいろいろな人がいて、その掃除の仕方が気に入らなかったり、「一言もしゃべらなくて、なんだか陰気な人なのよ」と母が愚痴をこぼしたり。

あれから3年が経った。今来てくれているヘルパーさんは、とても明るい人で、父とも話が合い、掃除が終わった後ひとしきりおしゃべりをして帰っていくそうだ。相変わらず父も母も見栄っ張りだから、ヘルパーさんが来る日には、部屋を片付け、母は洗剤やモップや掃除機を、洗面所にきちんと並べておく。「そんなの、勝手に出してもらえばいいじゃん」と言っても「時間が少ないから、準備しておいた方がいいでしょ」と言う。

人は、日常や人付き合いが変わるとき、ストレスを感じるものだ。ましてや変化に弱い高齢者にはなおさらだ。それでも、慣れてしまえばなんてことはない。週に2回、他人が自宅にやってくる。今や両親にとって、その日は「適度な緊張感」という、生活のハリにもなっているようだ。公的な介護サービスを受ける、ということは、両親にとって徐々に薄くなっている社会性を取り戻すいい機会のような気がする。それは娘の私からは与えることができない、明日のための力なのだ。

一田家のお出かけ

仕事で関西に出張の際には、必ず実家に立ち寄るようにしている。母は、困ったことがあってもなかなか言い出さないので、2～3か月に一度は帰って、両親の生活をチェック。帰ると「衣替えをするから、洋服ダンスから冬物を出してほしい」とか、「夏物のタオルケットを押入れの奥から取ってほしい」、あるいは「家中の網戸を拭いてほしい」など、何かしら課題が待っていて、「なるほど、こういうことに困っていたのね」と、理解する。

普段は週に一度、日曜日の夜9時に電話することにしているが、その時に母は決して「〇〇に困っている」とは言わない。もし口にしたら私が心配して、関西に仕事もないのに手伝いに戻ってくる……ということがわかっているよう。娘に不要な心配や手間をかけないように、という意思は頑なで、「こういう甘え下手なところに、私も似ちゃったんだよなあ」と毎回思う。

以前は、取材などを終えてから実家に帰って1～2泊することが多かったが、コロナ後は、仕事で大勢の人に会ってから実家に戻って、もしウイルスを持ち帰っていたらいけないからと、取材日の1~2日前に戻り、実家で過ごしてから仕事に出かけるというスケジュールを組むようになった。

朝、東京を出て、お昼前に実家の最寄駅に到着する。そこで両親と待ち合わせをし、最近ふたりが気に入っているという海鮮丼がおいしいお店へ直行！「でっかい貝汁がついてくるのがいいんや」と嬉しそうに父が笑う。

かつては、あちこちに出かけていたけれど、今はこれが両親にとっていちばん楽しみな「お出かけ」になっている。ふたりで病院帰りなどに、いいお店を見つけたら、例の夜9時の電話で「おいしい店を見つけたんや。今度帰ってきたら行こう！」と報告してくれる。夫婦ふたりだけでなく、娘の私を連れて行くことがどうやら嬉しいよう。

食事を終えたら、父は本屋さんへ。私は母とふたりで駅ビルのすぐそばにあるコープにその日の晩御飯の材料を買いに行く。カートを押しながら、りんごやまぐろの刺身や、いりこのパックをかごに放り込む母の後ろをついて歩く時間が、私は大好きなのだ。幼い頃から、幾度となく母と一緒にスーパーを巡ってきた。当時は何も感じなかったけれど、日常の何気ないこの風景を、あとどのぐらい一緒に見ることができるかと思うと、コープの店内が、世界中でいちばん幸せな場所のように思えてくる。

父は本屋さんを一通りパトロールしたあとに、エスカレーター下のベンチに座って待っているので、そこで落ち合いタクシーに乗って実家へ。家族3人での「お出かけ」はこれでおしまいだ。あとは、家で掃除を手伝ったり、東京から買って帰ったケーキを切ってお茶を淹れたり。

父が80代、母が70代までは、誘い合わせてあちこちに旅行へ出かけたものだ。両親は九州新幹線で、私と夫は飛行機で出発。新幹線の長崎駅で待ち合わせをして、卓袱《しっぽく》料理を食べたり、鹿児島、佐賀と巡り、唐津で母と器を見て歩いたり。函館で待ち合わせをし、小樽でお寿司を食べて、美瑛《びえい》ではラベンダー畑に。香川で落ち合い、善通寺参りに行ったことも。行きたい場所を聞いて、「ノリコツーリズム」と称して、私が旅行会社でホテル、飛行機などを手配したものだ。当時、今よりずっと仕事が立て込んで、時間がなかったはずなのに、よく段取りしたよなあと、自分でもあの時のパワーに驚いてしまう。

実は一田家は、旅行をしない家族だった。幼い頃、家族で旅行に行ったといえば、父の会社の保養所に泊まりに行ったぐらい。何にお金をかけるかはその家庭によって違う。普段はギュッと節約して、ど～んと旅に使うという家庭が多い中、父と母は、「普段」にお金をかけたいタイプだった。週末ごとに祖母、妹と5人で食事に出かけ、ちょっと洋服やおもちゃや絵本を買って帰る……。食事といっても、決して高価なレストランではなく、ラーメン屋さんだったり、天丼屋さんだったり。そして、帰りには駅ナカの喫茶店でソフトクリームを食べるのが楽しみだった。だから、私には幼い頃のビッグな旅の思い出はほとんどない。

だからだろうか？　大人になって父と母を連れて旅の企画をする、ということが私には、幼い頃にできなかったことを取り戻しているかのようで、なんだかワクワクしてしまった。それでも、現地では両親が行きたい場所と私たちが見たいものが微妙に違ったり、私たちは居酒屋のような気軽な店でそこでしか食べられないものを食べたいのに、食に保守的な父は、ホテルのレストランに行くのをいちばん喜んだり。なかなか難しい場面もあったけれど、大人になってからの数年に一度の一大イベントは、今なおみんなの記憶に刻まれていて、行った場所がテレビに映るたびに「あのときの朝食はおいしかったよねえ〜」と笑い合うことができる。

私の手元には、そんな旅の写真をまとめて作った「フォトブック」が残っている。中に写っている父と母はまだ若くて、「ああ、この頃は元気だったなあ」と改めて思う。そして、体力がなくなって、そうそう自由に動けなくなる少し前に、あちこち行っておいて本当によかったなあと思うのだ。

でも今、私は最寄駅で待ち合わせ、なんでもない店へランチに出かける父と母の「お出かけ」にジョインすることがとても楽しい。それは、老いて、変化のない毎日を送っているふたりが、「娘とお昼を食べに行く」時間を、心から楽しみにしている、とわかるから。

お昼を食べ終わったら、私が教えて初めて入って以来、すっかりふたりが気に入った「ドトールコーヒー」でロイヤルミルクティを飲んで帰ることも。「ここがいちばんやわ」と笑う両親を見ていると、私までどんなおしゃれなカフェよりも、ここが一番！　と思えてくる。

そして、そんなささやかなお出かけを「おいしいねえ」「よかったねえ」と楽しめる両親でいてくれてよかったなあと思う。それは、幼い頃週末に出かけたラーメン屋さんや、喫茶店とつながっているのかもしれない。

大人になって、私は仕事を持ち、話題の店や、おいしい店に出かけられるようになった。きっと、私が夫や友達たちとたまに出かける和食屋さんや、フレンチビストロの料金を、両親が知ったらびっくりすることだろう。でも、両親と行く店には、両親とでないと味わえないお楽しみがある。駅ビルの小さな店で海鮮丼を前に過ごすひとときは、父と母と娘だけが知っているかけがえのない「お出かけ時間」なのだ。

両親は、尊敬できなくたっていいのだ

「そろそろ行くかな」

実家から東京に戻るとき、そうつぶやくと父がタクシーを呼んでくれる。自分で手配できるのだが、父がはりきってタクシー会社に電話をし、「○○番の黒色のタクシーが5分後や」と得意げに告げてくれるので、その役目をお願いすることにしている。

気をつけているのは、「そろそろ呼んで」と自分で時間を決めることだ。以前は「○時発の新幹線やねん」と言うと、父が勝手に逆算して「そろそろやな」とタクシー会社へ電話をしてくれていた。ただし、心配性で自分が病院に出かけるときにも、早め早めに行動し、その結果2時間も前に病院に到着し、膨大な待ち時間を持て余すという事態に陥る。タクシーも同じ。父が呼んでくれたタクシーに乗って帰路につくと、大抵予約した新幹線の1時間以上前に新大阪の駅に着いてしまう。予約を変更しようと思ってもすでに満席で、待合室で時間をつぶすハメ

になる。そこで、最近では新幹線の出発時間は伝えず、ギリギリまで実家のリビングでお茶などを飲み、「そろそろ呼んで」とお願いすることにしたのだ。

身支度を整えていると、母がゴソゴソと用意を始める。「いいよ、寒いんだから」あるいは「暑いんだから」と言うけれど、必ずマンションの下まで降りてくる。父は玄関で見送ってくれる。マンションの廊下を歩いて曲がり角に至るまで、2~3回振り返って手を振る。玄関ドアからひょこっと顔を出してニカッと笑う、その父の笑顔が私は大好きだ。

若い頃から、私は父への反抗心をバネに自分の歩く道を模索してきたところがある。今でも意見が合わないことは多々ある。でも、「じゃあな」と手を振る父の顔は絶品なのだ。

人に対して笑顔を向けるというのは、いたって当たり前のようだけれど、だったら自分は毎日夫を送り出すとき、笑顔だろうか？　と思い返してみると、はなはだ自信がなくなる。

父は最高に「外面」がいいのだ。「笑顔の外面」って、なかなかの力を持っているなあと最近思うようになった。人は、喧嘩をしたり、相手を否定したりと、その関係がうまくいかないと、どんどん顔が曇ってくるものだ。でも、会話を切り上げ、「じゃあ！」と手を振るときにニカッと笑うだけで、「さっきまでの関係」の外へすっと出ることができる。父はきっと会社でも仕事仲間にそんな態度で接していたのではないかと思う。どんなに揉めても、その行き違いは人間関係の一部にすぎない。「またな」と別れるときに、相手に対してニカッと笑顔を送ることは、相手の存在を受け入れることになるんだなあと教えられた。今年92歳になるから「もしかしたらこれが最後になったらどうしよう」と不安になる。でも、そんな暗い心を吹き飛ばす力が父の笑顔にはある。

廊下の角を曲がって父の姿が見えなくなると、母と一緒にエレベーターに乗って、1階の出口まで一緒に歩く。「今日は風があって気持ちがいいね」などたわいもない会話を交わしながら。大抵2～3分も待てばタクシーがやってきて、「じゃあね～」と手を振って乗り込む。最初は座席の横の窓から。発車したら、後ろの窓から手を振る。だんだんと小さくなっていく母の姿を見ながら、毎回涙が出そうになる。小さくなっちゃったなあ。そして、ずっと娘を見守り続けてくれることに手を合わせて感謝したくなる。

どんなときにも味方でいてくれる。寄り添ってくれるのが母親の存在だ。一方父親は、どんなに歳をとっても、子供を守ろうとする。私が重い荷物を持っていると、自分の足元がおぼつかないのに「俺が持ってやる」と言う。父と母の愛情は形が違うのだとわかってきた。

1回目の結婚の際、大反対された。父は私が家を出る日まで知らんふりで、一言も会話を交わさなかった。母はさすがに最後には上京の手伝いをしてくれた。新居で必要な、最低限の家具や食器を買ってくれたのだ。あのときお金は母が出してくれた。ということは、父がその費用を出すことを承知したということだ。そんなことさえ、若かった私は思い至らなかった。

結婚して、下北沢の古いマンションで暮らし始めたとき、当時千葉に単身赴任をしていた父が、母から預けられた食材などを車で運んできてくれたことがあった。このときもほとんど話らしい話はせず、荷物を運んだのち、部屋をぐるりと見渡して無言で立ち去った。あのとき、父は娘の新生活の様子を確かめにきたのだなあと今思う。

若い頃、父や母をひとりの人間として尊敬できるかどうか、が私にとって大問題だった。人はどうして生きていくのだろう？　仕事のやりがいってなんだろう？　そんな青臭いことを真面目に考えていたとき、親はその答えを教えてくれる存在だと信じていた。けれど……。人間は、何歳になっても、迷いながら生きていくのだ。それは親とて同じはず。自分自身が還暦を迎えてから、やっと人間は不完全なものなのだということが、理解できるようになった。

人がどう生きるかは、自分で考え探すしかない。親はそれを教えてくれる存在ではない。でも、それは決してがっかりする出来事ではない。その代わり、私は親に愛されてきたのだから。欲しい答えを与えてくれる、ということと、愛されるということは、別物なのだ。

最近、私が実家に帰ると母が「よく眠れたわあ」と言う。私が料理や掃除を手伝うので、体が楽だ、ということは確かにあるだろう。けれど……。母は私が帰ることで、ふと荷物をおろした気がするのではなかろうか……と思うことがある。

「パパより先には死ねないから」と母は言う。自分の体が思うように動かない中でも、なんとかスーパーに買い物に出かけ、キッチンに立って三食のご飯を用意し、掃除、洗濯をこなす。私が帰り、その一端を担うことで、もし母が少しの間だけでも荷物を下ろし、安心して眠ってくれるなら、それだけで帰る意味がある、と思っている。何歳になっても、親は子供を見守る存在ではあるけれど、ここから先は、その役目を少しずつ交代していくのかなあ。

結局、家族で与え、与えられるものって、その程度のことなのだ。ご飯を作ったり、話を聞いたり、タクシーを手配したり……。その行動と行動の隙間に家族でないと交わせない何かが潜む。母の荷物を軽くすることは、私でないとできない。東京へ戻る私の背中を押してくれるのは、父の笑顔と母の小さな姿だ。それは、他の人にとって代わることができない、父にしか、母にしかできないことなのだ。社会的には何の価値もないけれど、家族の間にだけ確かに存在するもの……。それをひとつずつ拾い上げていくことを、今はとても幸せに思う。

80歳も90歳も、人生の初めて

人生には時の流れがある。そんな当たり前のことが、60歳を過ぎてやっと少しわかってきたような気がする。無邪気に遊んでいた子供時代から思春期を経て、社会人になれば、何かしらの評価を受け、「やりがい」を見出したいともがく。私は子供を産まなかったけれど、多くの人は子育てにどっぷり浸かり、やがて子供が成長し、職を退けば、一日中家で過ごす日々が始まる。何も生産することなく、淡々と穏やかな日々の中で、少しずつ老いていく。

今、ほとんど出かけずに家で過ごす両親の姿を見ていると、人間というものは、一周回ってここに辿り着くのか……と、なんとも言えない気持ちになる。父は時間を持て余すと、A４のコピー用紙を何枚も貼りつなげた大きな用紙を広げる。そこには、「ロト６」で購入した番号が書き記されている。ところどころ赤丸がついて、それがどうやら当せんしたナンバーらしい。私には意味不明だが、この表をもとに確率を計算し、次の「ロト6」のくじを買いにいくのだ。

父が定年を迎えたとき、私は少し心配をしていた。あんなに働きマンだったのに、いきなり家にいる生活になって、大丈夫だろうか？　と。けれど、その心配はまったく無用だった。ずっと学びたかったというフランス語のレッスンに通いはじめ、「美人のフランス人の女の先生なんや」と鼻の下を伸ばしたり、似顔絵の通信コースに申し込み、私にキダ・タローだったり、八代亜紀だったりの似顔絵をファックスで送ってくるようにもなった。

でも、そんな「前向きの時代」もやがて終わりを告げ、ふと気づくと、父の毎日の中で新しいことを始めることはなくなっていた。「やらなくてはいけないこと」がなくなって、目の前に無限に自由が広がったとき、人はいったい何を楽しみに生きていくのだろう？　あんなに出かけることが好きだった父が、さっぱり外出しなくなり、「暇」という膨大な時間の中で暮らしている様子を見ると、生きる喜びってなんなのだろう？　と考えたくなる。

もっともわが父は、スーパーポジティブ人間なので、インターネットで「Yahoo!ニュース」をチェックして「岸田さんはもうあかん」とか「またトランプがこんなことを言い出しよって！」と毒づくことで生き生きとしているようなのだが……。

時折実家に帰って、母が作ってくれる晩御飯を食べるのが楽しみだ。けれど、その皿数が少しずつ少なくなっていくことに、ハッとすることがある。両親共に食が細くなっているから、夕飯のおかずはほんの少しでいい。かつて母は、あんなにバラエティーに富んだおかずをあれこれ食卓に並べていたのに、それがどんどん減っていく。私が帰ったときには、張り切っていつもより多めに作ってくれるし、それはどれもとても美味しいのだけれど、小さくなっていく夕飯の風景が少し切ない。

ちょうど母が1か月間入院し、実家と東京を行ったり来たりしていた2021年9月頃の私の「なんでもノート」に、雑誌『ａｎａｎ』に掲載されていた山崎ナオコーラさんの「足元にソーダ水」というエッセイのコピーが貼り付けられている。

「昔、『仕事は、誰かから認められないと始まらない』と私は思っていた」という書き出しで始まるこのエッセイ。最初の一文から「そうそう、私もそう思ってた！」と引き込まれた。お父様が癌をわずらい、少しずつ体力が落ちていく日々を、横で見守っていたそうだ。ベッドテーブルで新聞を広げ、新しい言葉に出会うと、自分のノートに書き写していたのだという。「父のその行為を垣間見て、私はちょっと感動した。この先に使うために新しい言葉を覚えていたのではなく、今覚えたいから覚えているのだ」と山崎さんは綴る。

「震える手で新聞をめくったり、字を書いたりすることは、冒険であったと思う。（中略）つまり、冒険はベッドの上でもできるのだ。『人と比べてすごいことをやる』のが冒険なのではなく、『自分が冒険だと感じることをやる』のが冒険なわけだ」

あれから3年が経ち、再びこのエッセイを読み返したとき、もしかして、私が勝手に「もう終わっている」と思った父や母の暮らしはちっとも「終わって」いないんじゃないか、という気がしてきた。「一周回って、ここに辿り着くのか……」と考えた私の心のどこかには、「がっかり感」があったように思う。あんなにバリバリ働いていた父が、日がな一日「ロト6」の確率を計算している。あんなにあれこれ料理を作っていた母が、ご飯とおかず一品で満足している。それがなんだか寂しげで、「かわいそうな感じ」がしたのだ。

今年60歳になった私は、フリーランスということもあり、まだまだやる気満々なのだ。これから、どんな文章を書こうか？　どうやって稼ごうか？　どう楽しく生きていこうか？　とあれこれ考える。人生後半になって、若い頃のように「もっともっと！」とは思わなくなったけれど、まだ世の中には知らないことがたくさんあると思っているし、それをひとつひとつ「わかっていきたい」と考える。そのプロセスを書き綴っていきたいと思う。

両親の姿は数十年後の私の姿である……ということが見えてきているからこそ、少しずつしぼんでいくふたりの生活に、自分の未来を当てはめて、「せっかくここまで仕事を頑張ってきたのに、ああなるの？」と暗い気分になってしまったというわけだ。

けれど、人生はすべて「はじめて」の連続だ。父と母は初めて80歳を生き、90歳を生きている。自分の体力が落ち、できないことが増えた「今」と向き合い、そこから発見したことを明日の糧にする。そんなプロセスは、程度の差こそあるけれど、若い頃となんら変わりはないのかもしれない。母はどうしたら背中や腰が痛くならないか、痛みがあっても、何分横になれば回復するか、と工夫をするし、父は、ベランダに出て空を見上げ、飛行機が飛んでいく方向を見守りながら、想像力を膨らませる。誰かの目で見れば「寂しい生活」かもしれないが、当人たちにとっては、まだまだ「人生の本番真っ只中」なのだ。年齢という数字は、横から眺めるのと、当事者になるのとでは、意味がまったく違うようだ。

今60歳の私は、80歳になって何もできなくなったら、どうやって毎日を過ごそう？ 90歳になって何を明日の光にしよう……と想像してしょぼんとする。けれど、人間は案外強いものなのかもしれない。「その時」がやってきたら、それなりに「その時」を楽しむことができる。やれ杖だ、やれ病院だとあたふたする両親が教えてくれることは、まだまだ大きい。

家族の力関係

先日、関西での取材があり、2日ほど早く帰って実家で過ごした。東京での仕事を終えて、新幹線に飛び乗り、実家に到着したのは夜9時頃。そこから、お茶を淹れて父、母とおしゃべりをし、順番にお風呂に入りベッドに入ったのが12時頃だった。

翌朝、起きてみんなで朝ごはんを食べ、さて！　とそれぞれが立ち上がった。この日は、10時すぎからヘルパーさんが来てくれることになっていて、それまでに、やるべきことを済ませてしまわなくてはいけない。

私は朝食後の食器洗いを。母は洗面所の掃除を。そして、父が洗濯物を干すのを引き受ける。その後、私はクイックルワイパーでキッチンの床の掃除をし、母はヘルパーさんが使う掃除道具を所定の位置にずらりと並べ、父が寝室のベッドを整える。ふと気づくと、親子3人が、部屋のあちこちで、担当の仕事をこなしていて、その風景がなんだかおかしくて、ププっと笑ってしまった。
私が子供の頃は、こんな風景なんて、まったくなかったのだ。父はソファにどかっと座って新聞を読み、私は自室にこもって好きなことをし、くるくると家中を動き回るのは母だけだった。けれど、それぞれが歳をとり、できないことが増えてきて、互いに互いを補い合うようになった。父が母の力ではしんどいだろうと、洗面所から洗濯かごをベランダまで運び、パンツやタオルを干すようになるなんて、誰が想像できただろう！　そこには、新たに立ち上がった、「ニュー一田家」の姿があったのだ。

人にはみんな自分だけの人生がある。けれど、家族だと父や母は、私にとってあくまで父と母で、ひとりの男と女の人生があったとはなかなか感じにくい。けれど、父は会社員としてバリバリと働いてきた時代があって、90代の今がある。母は、子育てと家族のご飯づくりをし、娘たちを送り出し、やがて側弯症を患い、老いていく父を支えるようになった。娘である私は、結婚し、東京に出て、フリーライターになり、勝手気ままに過ごし、たまたま両親の老いを知って、時間を作っては実家に帰るようになった。それぞれの日々を過ごし、再び集ったとき、ずっと同じと思っていた家族の形は微妙に変わってくるものなのだ。

父が会社員としていちばん忙しい頃、夕飯後に母が洗い物をしていて、ガシャンと、器と器がぶつかる音をさせたら「なんだ！　うるさいなあ」と父が声を荒らげたものだ。「あの頃は、いちばんパパがピリピリしていたからね」と母は語る。自宅に帰ってなお、仕事のストレスを抱えていたことを、私はまったく知らなかったが、母はちゃんと理解していたのだ。

当時は、完全な亭主関白で、父がいばりまくっていた。母は黙って父に従っていたのだ。そんな両親の力関係が、最近逆転しつつある。

ヘルパーさんが帰ってから、家族3人で食事に出かけることになった。その段取りで父と母が揉める。「暑いから、もう近場で済まそう」と父。母は行きたい店があり「日が暮れてから行けば大丈夫」と主張する。昔なら、父の意見が通るところだが、母は譲らない。結局、母が行きたい店に出かけることになった。準備をしながら、母がトイレに立った隙に父が「もう、自分の主張ばっかりなんや」と私に愚痴をこぼす。

父も自分の体力が落ち、母に支えてもらわなければ日々の生活が立ち行かなくなりつつあることを、うっすらと感じている。あんなに強かった父が、母に負けてしまうのか……と思うと、なんだか少し切なくなった。私にとっての父は、強くて、自分勝手で、永遠にいばりん坊だと思っていたのに……。

私が大学生の頃、両親は私がいい会社に就職し、いい人を見つけ結婚し、子供を産んで家庭を作ることを望んでいた。不安定な自営業なんて、とんでもない、と考えていたはずだ。ところが、期待に反して、私はフリーライターとなった。でも、今では本を出すと、父も母もそれぞれに「うちの娘が」とヘルパーさんや、マンションに住む知人たち友人たちに言いふらしているらしい。たまに帰って出会った人に「また本を出されたそうで……」と言われるたびに、「そんなことまで話しているんだ！」と恥ずかしくなる。

何がなんでも、いい会社にとカチカチ頭で考えていた両親も、ずいぶん丸くなったものだなあと思う。そして、人の価値観は、長い時間と経験を経て、変わるのだと改めて実感する。

父はいつまでも強くはない。母はいつまでも従順ではない。そして、私はいつまでも優等生ではない。幼い頃に、正解だと思っていたことが、正解ではなくなる時期がやってくる。ひとりひとりの人間は、それぞれの時代で新たな世界の扉を開け、自分の価値観をアップデートする。家族は、長い年月を共にするからこそ、その変化を「線」で観察しあう唯一の関係性の中にいるのだと思う。

母は11歳年上の父の姿に、やがて自分にもやってくる人生の終末を見ているようだ。そして、私は父と母の姿に、人間が老いる存在であること、できないことが増え、体が弱り、それでも日々生き続けていくことを見せてもらっている。

人の人生がひとつの丸い輪っかであるとしたら、家族の中には、家族の人数だけの時間の輪が回っている。父の輪は私より30年、母の輪は20年先に進んでいる。その時間差をすぐ横に感じられるということが、とてもありがたいなあと思うのだ。60歳で見る風景と、80歳、90歳で見る風景はまるで違うのだろう。きっと、その歳にならないと見えてこない現実がある。けれど、隣に家族がいることで、80歳と90歳の気配がする。たったひとりで生きていたなら、私は、人間が死に向かって歩いていることさえ、気づかなかっただろう。

自分とは違う年齢を理解しようとしながら暮らす。そして、強い者が弱い者に手を差し伸べて、協力しあって生きていく。そうか、家族ってこういうことだったのね、とやっとこの歳になってわかってきた気がする。

幼い頃から、両親に歯磨きの仕方を習い、おにぎりの握り方や、苦手な数学や、人との接し方を教えてもらってきた。けれど、人生の最後に父と母が示してくれる「老い」というプロセスに学ぶことは深く尊い。

撮影：黒川ひろみ

一田憲子

1964年生まれ。編集者・ライター。OLを経て編集プロダクションに転職後フリーライターとして女性誌、単行本の執筆などを手がける。企画から編集、執筆までを手がける『暮らしのおへそ』『大人になったら、着たい服』（ともに主婦と生活社）を立ち上げ、取材やイベントなどで、全国を飛び回る日々。『すべて話し方次第』（KADOKAWA）、『歳をとるのはこわいこと？』（文藝春秋）ほか著書多数。暮らしのヒント、生きる知恵を綴るサイト「外の音、内の香」主宰。ポッドキャスト番組「暮らしのおへそラジオ」を配信中。

http://ichidanoriko.com

【スタッフ】

アートディレクション　成澤 豪（なかよし図工室）

デザイン　成澤宏美（なかよし図工室）

校閲　東京出版サービスセンター

編集　梅田良子

父のコートと母の杖

著　者　一田憲子

編集人　伊藤亜希子

発行人　殿塚郁夫

発行所　株式会社主婦と生活社

〒104-8357 東京都中央区京橋3-5-7

編集部　TEL 03-3563-5191

販売部　TEL 03-3563-5121

生産部　TEL 03-3563-5125

https://www.shufu.co.jp

製版所　株式会社公栄社

印刷所　TOPPANクロレ株式会社

製本所　株式会社若林製本工場

ISBN 978-4-391-16301-8

この本を書くことを許してくれた、父と母に感謝します。